W0063582

Christine Lange

Was tun, wenn...

Illustriert von
Joanna Hegemann

Christine Lange

Was tun, wenn...

Pferde erziehen
mit viel Vergnügen

Inhalt

6 Warum es Bücher wie dieses gibt ...

10 Im Stallalltag

11 Das Pferd holen

14 Das Pferd zurückbringen

17 Füttern

21 Die Sache mit den Untugenden

28 Am Putz- und Sattelplatz

29 Anbinden und Putzen

35 Satteln

38 Nicht ganz Alltägliches

39 Beim Hufschmied

41 Beim Tierarzt

42 Beim Verladen

44   Bei der Bodenarbeit

45   Führen

49   Longieren

53   Freiarbeit

56   Im Paddock und auf der Weide

57   Mensch und Pferd

61   Pferd und Pferd

64   Beim Reiten

65   Was überall vorkommen kann

76   Im Gelände

77   Probleme draußen

88   Sonst noch 'was?

89   Von Dramen und »Drängen«

92   Die zehn Gebote

94   Register

Warum es Bücher wie dieses gibt ...

Wunderbar, Sie besitzen ein eigenes Pferd! Warum entschieden Sie sich für Fancy, Askhan oder Samurai? War es ein Mitleidskauf? Klapperten Sie zahllose Züchter ab, bis Ihr Traumpferd endlich vor Ihnen stand? Eines steht fest: Von jenem Tag an änderte sich Ihr Leben. Nun müssen Sie die tausend Pflichten eines Pferdebesitzers bewältigen. Manchmal murrt der Partner, die Familie stöhnt »Schon wieder das Pferd ...«. Die Berufskarriere wollen Sie auch nicht vernachlässigen. Keine leichte Aufgabe! Gelegentlich zehrt sie an Ihren Kräften, vor allem, wenn sich die Dinge nicht so entwickeln, wie Sie sich das erträumt hatten. Immer wieder gibt es Ärgernisse, die Sie anfangs entweder mit einem »Macht doch nichts ...« ignorierten oder die sich unbemerkt angeschlichen haben. Askhan ist zwar leichttrittig, aber im Umgang ein respektloser Sturkopf. Und die edle Fancy zittert bereits beim Anblick eines Briefkastens wie Espenlaub, so dass Sie Ihre seltenen Ausritte wie ein Feldherr strategisch planen müssen. Vielleicht trösten Sie sich damit, dass es Ihren Freunden auch nicht besser geht: Sabines Jolly trachtet noch heute jedem Tierarzt nach dem Leben. Und Jürgens Major hat seinen Reiter bereits zum dritten Mal ins Krankenhaus katapultiert. »Warum dies alles?«, fragen Sie entnervt.

Stopp! Probleme sind nicht dazu da, um bejammert, sondern um gelöst zu werden. Für jedes Ärgernis gibt es einen Grund. Ist die Ursache erst einmal gefunden, kann man auf eine Veränderung hinarbeiten. Also martern Sie sich nicht mit »Hätte ich doch besser«-Gedanken. Nehmen Sie lieber die Bedingungen, unter denen Ihr Pferd lebt und die Art, wie Sie mit ihm umgehen und es reiten, unter die Lupe. Spielen Sie Detektiv. Erkennen Sie Fehler und Mängel, ohne sich mit Selbstvorwürfen zu zerfleischen. Machen Sie es in Zukunft einfach besser. Das Tolle am Leben: Jeder Tag ist ein neuer Anfang. Sie können jederzeit neu starten, Schwierigkeiten zum Verschwinden bringen und verhindern, dass sich kleine Ärgernisse zu großen Problemen auswachsen.

Was Sie tun müssen? Lernen Sie, wie ein Pferd zu denken. Ihr Pferd ist weder absichtlich böse noch ärgert es Sie vorsätzlich. Seine Instinkte sind die eines Fluchttiers, das zunächst versucht zu fliehen, ehe es sich widersetzt. Seine Verhaltensweisen sind die eines Herdentieres. Es ist eine strenge Hierarchie gewohnt und schwingt sich selbst zum Leittier auf, sobald es merkt, dass Sie nicht sein Boss sein können oder wollen. Seine Art zu »reden« ist die eines Körpersprachlers, der in Ihren Gesten liest wie in einem offenen Buch. Sein Wunsch nach Weite und freier Sicht ist der eines Steppentiers, das in dunklen Winkeln schreckliche Gefahren vermutet. Seine Triebe sind aufs Überleben ausgerichtet. Es kann nicht abstrakt denken, ist aber ein echter Erinnerungskünstler. Es fragt nicht nach Sinn und Zweck seines Handelns, es reagiert einfach.

Wenn Sie das begreifen, verstehen Sie auch, warum Ihr Pferd dies oder jenes tut. Decken Sie Mängel in seinem Leben auf, entfernen Sie sie. Damit beheben Sie auf einen Schlag zahlreiche Schwierigkeiten. Andere Probleme lösen sich buchstäblich in Luft auf, sobald Sie Ihr eigenes Benehmen dem Pferd gegenüber ändern. Verhalten Sie sich nicht wie ein Zitteraal, sondern wie ein souveränes Leitpferd, das Respekt und uneingeschränktes Vertrauen erwartet. Dieses Buch zeigt Ihnen, wie man das macht. Sicher werden Sie in vielen Fragen Ihr Pferd wiedererkennen. Und die Lösungen werden Ihnen manchmal unspektakulär einfach erscheinen. Dafür »schrecklich« zeitaufwändig. Vermutlich ist das der Grund, warum so wenige Pferdebesitzer sie in der Praxis anwenden und stattdessen weiterwursteln wie bisher. Sie natürlich nicht! Sie haben Ihr Pferd ja wirklich lieb und verfügen auch über die erforderliche Portion Geduld, weil Sie wissen, dass sich große Probleme oft nur in kleinen Schritten lösen lassen. Rom wurde eben auch nicht an einem Tag gebaut.

Und es geht auch nicht ohne eine Portion Mut, denn einige Ihrer Lösungsmaßnahmen werden Ihren Reiterkameraden genügend (Lach)Stoff für ihre Gespräche liefern. Möglicherweise geraten Sie sogar mit Ihrem Trainer aneinander, der andere – vielleicht »deftigere« – Vorstellungen von Pferdekorrektur hat. Aber: Es geht um Sie und Ihr Pferd und nicht um Katjas Litla oder um Hans-Peters Dancer. Probieren Sie die in diesem Buch gegebenen Tipps und Ratschläge aus; sie stammen aus dem Schatzkästlein zahlloser Horsewomen und Horsemen. Sie bringen nicht nur Probleme zum Verschwinden, sondern verhelfen auch Ihrem Pferd zu mehr Zufriedenheit. Das macht Sie beide glücklich. Und genau dieses Glück war es doch, das Sie sich erträumt hatten, damals, als Sie sich entschieden, Askhan, Samurai oder Fancy in Ihr Leben aufzunehmen. Oder?

Im Stallalltag

Der Pferdestall ... da duftet's nach Heu (und hoffentlich nicht nach Ammoniak!), Stroh raschelt und die Kiefer Ihres Pferdes mahlen genüsslich. Das klingt idyllisch, nicht wahr? Genauso idyllisch – besser: pferdefreundlich – sollte es auch sein! Die meisten Pferde verbringen viel Zeit im Stall. Vielleicht besteht er nur aus einer Box, vielleicht erlaubt er ein paar Schritte hinaus in einen Auslauf. Auf jeden Fall ist er aus Ihrer Sicht das Zuhause Ihres Pferdes, entstanden aus den schlichten Pferchen, in die unsere Vorfahren ihre Wildfänge einsperrten. Im Stall erhält Ihr Pferd Futter und Wasser, hier scheidet es »Äpfel« und Urin aus, hier ruht es. Und wartet, dass Sie sich mit ihm beschäftigen. Ist der Stall aber auch aus der Sicht des Pferdes ein wirkliches Heim? Eher nicht, denn entwicklungsgeschichtlich zählt es zu den Fluchttierarten, die in Herden die Steppe bevölkerten. Der begrenzte Raum erlaubt ihm nicht, weit übers Land zu blicken, um Gefahren frühzeitig wahrzunehmen. Er beschneidet seinen Bewegungsdrang, bietet ihm aber Schutz – vor Raubtieren ebenso wie vor schlechtem Wetter. Und da dem domestizierten Pferd die freie Wahl genommen ist, *muss* es sich an diese neue Lebensform gewöhnen, wenn es überleben will. Manchmal »überbetont« ein Pferd seinen Territorialanspruch und betrachtet Sie als Eindringling. Oder es hat regelrecht Angst vor seinem Stall. Häufiger jedoch sind Probleme, die aus der Natur des Pferdes entstehen, weil es viele seiner Bedürfnisse im Stall einfach nicht ausleben kann und in Ersatzhandlungen flüchtet, die uns nicht zornig, sondern traurig machen sollten.

Das Pferd holen

Täglich holen Sie Ihr Pferd aus dem Stall, um es zu putzen, zu reiten, zu longieren oder auf die Weide zu bringen. Haben Sie mal darüber nachgedacht, dass sein Verhalten Ihnen gegenüber ein Fingerzeig auf seine wirkliche Meinung über Sie ist? Benimmt sich Ihr Wallach wie ein Gentleman oder eher wie ein Macho? Ihre Stute wie eine Zicke oder eine freundliche Fee? Respektvolles Benehmen ist nicht erst gefragt, sobald Sie den Fuß in den Bügel setzen, sondern sollte an der Haustür beginnen!

Was tun, … wenn mein Pferd seinen Stall nicht verlassen will?

Ich dachte, Blitz freut sich, wenn ich ihn von seiner Langeweile erlöse. Aber oft wendet er mir drohend das Hinterteil zu, legt die Ohren an und tritt sogar aus! Mittlerweile habe ich richtig Angst vor ihm! Meine Freundin Bettina besitzt zwar ein Gemütspferd, bekommt es aber auch nicht aus der Box: Flicka liegt meist gemütlich auf ihrem Strohbett und denkt nicht daran, aufzustehen!

Die Lösung, … das ist sie!

Auch wenn sich Blitz und Flicka unterschiedlich verhalten, beweisen sie doch, dass sie sich als Boss nicht nur im Stall, sondern auch in der Pferd-Mensch-Beziehung empfinden. Ihre Ängstlichkeit und Bettinas Hilflosigkeit bestärken sie in dieser Rolle. Treten Sie selbstsicherer auf! Achten Sie beim Führen darauf, dass die Pferde Sie weder überholen noch sich an Sie drängen, sich aber auch nicht ziehen lassen. Lassen Sie sie regelmäßig still stehen und schicken sie konsequent zurück, sobald sie einen Schritt auf Sie zu machen. Bleiben Sie nicht zögernd vor Blitz' Box stehen, sondern sprechen ihn mit fester Stimme an, treten zügig hinein und greifen sofort nach dem Halfter, das er (ebenso wie Pferde, die sich nicht aufhalftern lassen wollen) auch nachts tragen sollte.

Loben Sie ihn, sobald Sie ihn »im Griff« haben und binden ihn fest. Bürsten Sie ihn, heben seine Hufe, reichen ihm eine Handvoll Hafer. Und schicken Sie ihn dabei durch Antippen mal hier, mal dorthin. So lernt er, dass es mit angenehmen Gefühlen verbunden ist, wenn er Ihnen gehorcht. Bettina sollte am Führstrick zupfen, »Auf!« rufen und notfalls mit der Gerte auf Flickas Kruppe klapsen. Vor allem darf sie nicht resigniert fortgehen und ihren Faulpelz gewinnen lassen.

Wenn mein Pferd aus der Box eilt,   was tun …?

Eigentlich gefällt es mir, dass Pancho sich über mein Kommen freut. Habe ich ihm endlich das Halfter angezogen, drängt er aber so heftig nach draußen, dass er mich dabei schon ein paar Mal zwischen Wand und Tür eingequetscht hat!

… das ist   die Lösung!

Sicher, Pancho mag Sie – Respekt hat er jedoch nicht vor Ihnen. Respektlosigkeit führt später leicht zu Reitproblemen, wenn Pancho selbst über Routen- und Gangartenwahl entscheiden möchte. Lehren Sie ihn durch Antippen mit der Gerte, an der Boxentür still zu stehen, bis Sie ihn auffordern, nach Ihnen die Box zu verlassen. Dulden Sie keine Ausnahmen, auch wenn Pancho erregt auf seiner »Führungsrolle« besteht. Als Herdentier ordnet er sich schließlich unter, wenn er merkt, dass Sie ein faires Leittier sind!

Wenn mein Pferd Angst hat   was tun …?
die Box zu verlassen,

Gina ist ein gehorsames Pferd, hat aber große Angst, ihre Box zu verlassen. Hat sie sich endlich überwunden, springt sie mit einem Satz hinaus! Was fürchtet sie so?

Die Lösung,   ... das ist sie!

Angst ist eine Schutzreaktion, die vor möglichen Gefahren warnt und den Organismus auf Flucht oder Kampf vorbereitet. Vermutlich hat Gina irgendwann unangenehme Erfahrungen beim Verlassen der Box gemacht. In meinem Stall war im Winter einmal die Stallgasse vereist. Meine Stute glitt aus und zog sich eine Bänderzerrung zu. Noch Wochen später zeigte sie ähnliche Angstsymptome wie Gina. Überprüfen Sie die Bodenverhältnisse und beobachten Sie das Verhalten der anderen Pferde, an denen Sie

Gina vorbeiführen. Ist ein Beißer darunter? Schlagen Sie freundlich vor, ihn in eine andere Box umzuquartieren. Vielleicht hilft auch Gina ein Boxenwechsel! Bauen Sie ihre Angst vor der Stallgasse ab, indem Sie sie hier hin und her führen und alles beschnuppern lassen. An ihrer Körperspannung können Sie ablesen, was sie besonders fürchtet.

Das Pferd zurückbringen

Auch bei der Rückkehr in den Stall verhalten sich manche Pferde rüpelhaft oder – was Ihnen zu denken geben sollte – zeigen Ängste. Unhöflichkeit lässt sich durch ein konsequentes Erziehungsprogramm abstellen – Angst sollten Sie gründlich hinterfragen, um die Ursache auszuräumen.

Wenn mein Pferd sofort in seine Box will, was tun ...?

Jolly drängt nach der Reitstunde so heftig in den Stall zurück, dass ich ihr kaum folgen kann. Kürzlich riss sie sich sogar schon am Hallentor los!

... das ist die Lösung!

Sicher, Ihre Jolly ist ungezogen, aber außerdem empfindet sie die Geborgenheit ihres Stalles erstrebenswerter als die Beschäftigung mit Ihnen. Eigentlich sollte sie zufrieden aus der Reitstunde kommen und eher trödeln. Fühlt Sie sich vielleicht überfordert und wird dadurch missmutig? Führen Sie sie künftig noch eine Weile spazieren, lassen Sie grasen oder wälzen und die Seele baumeln. Falls Sie in ihrer Box Futter erwartet, geben Sie ihr eine Handvoll vor dem Reiten und reichen ihr etwas Kraftfutter danach am Sattelplatz. Und arbeiten Sie an Ihren »Führungsqualitäten«, denn aus Jolly Sicht stehen Sie in der Rangfolge derzeit deutlich unter ihr!

Wenn mein Pferd seine Box nicht betreten will, was tun ...?

Osmin schnaubt und scheint in seiner Box Gespenster zu vermuten, so sehr wehrt er sich, sie zu betreten. Meist müssen wir ihn mit einer Gerte hineintreiben!

... das ist die Lösung!

Armer Osmin! Als Erinnerungskünstler verbindet er mit seiner Box schreckliche Erfahrungen. Ist sie dunkel und feucht, liegt der Boden tiefer als die Stallgasse? Kann er sich irgendwo weh getan haben? Können

Sie ausschließen, das ihm jemand hier Schmerzen zugefügt hat? Haben Tiere Zugang, die er fürchtet? Könnte sich eine Wasserader unter dem Boden befinden? Arrangieren Sie schnellstmöglich, dass Osmin in eine andere Box umzieht. Verhält er sich hier normal, liegt es eindeutig am bisherigen Stall – wenn nicht, wurzeln die Ursachen tiefer. Verbringen Sie viel Zeit mit ihm in der Box, um herauszufinden, ob es Störfaktoren gibt, die ihn beunruhigen. Hilft alles nichts, sollten Sie ihn in einem Offenstall oder einer anderen Reitanlage unterbringen.

Wo soll Ihr Fohlen auf die Welt kommen? Sicher unter schützendem Dach! Denken Sie daran, dass bereits die ersten Erlebnisse Ihren Youngster prägen. Je pferdegerechter Abfohlbox oder Offenstall ausgestattet sind, je umsichtiger Sie dort mit dem Pferdebaby umgehen und je entspannter seine Mutter sich verhält, desto positivere Erfahrungen verknüpft es mit dem Stallalltag. Machen Sie ihm vom ersten Lebenstag an klar, dass dies seine Schutzzone ist und Sie es respektieren, aber dennoch als ranghöchstes Wesen jederzeit Zutritt haben. Sobald Sie die Mutterstute wieder reiten wollen, sollte es ohne großes Theater im Stall zurückbleiben. Am besten quartieren Sie dann ein zweites Fohlen mit ein, damit die beiden Minis einander Gesellschaft leisten.

Machen Sie sich mal Gedanken, ...

- ob Ihr Pferd wirklich Grund hat, sich auf Sie zu freuen!? Beschäftigen Sie sich auf pferdegerechte Weise mit ihm? Oder spulen Sie stets das gleiche zum Gähnen langweilige Programm ab?

- ob es die Arbeit mit Ihnen vielleicht mit Schmerz oder Angst verbindet? Wenn es weiß, dass Sie ihm gleich den drückenden Sattel auflegen oder es zur Springstunde abholen, obgleich es Angst vorm Springen hat, ist es verständlich, dass es seinen Stall mehr schätzt als Sie!

Füttern

Während der Fütterungszeiten geht es oft lautstark zu! Eigentlich kein Wunder, denn das Pferd ist ein Steppentier und möchte eigentlich stundenlang grasen. Im Stall aber muss es sich mit wenigen einzelnen Mahlzeiten begnügen. Diese »Zumutung« ist nicht nur der Grund für viele Verdauungsprobleme, sondern auch für Zankereien und aggressives Verhalten. Einige Pferde entwickeln auch Angewohnheiten, die aussehen, als spielten sie mit ihrem Futter herum. Doch solange Sie auf die Fütterungsgegebenheiten keinen Einfluss nehmen können, können Sie auch einige Probleme nicht ausräumen. Aber vielleicht ein wenig abschwächen. Oder Ihrem Krakeler klar machen, dass er wenigstens Ihnen gegenüber Anstand zu wahren hat.

Was tun, ... wenn mein Pferd mir den Futtereimer aus der Hand reißt?

Wenn ich Isabell selbst füttere, stürzt sie sich auf den Futtereimer, bevor der Hafer eine Chance hat im Trog zu landen. Den Pfleger ignoriert sie, mir aber droht sie mit giftigem Blick! Hat sie so unbändigen Hunger?

Die Lösung, ... das ist sie!

Da Isabell nicht selbst bestimmen kann, wann sie wieviel Futter erhält, mag ihr Verhalten durchaus beträchtliches Magenknurren signalisieren. Trotzdem sollte sie respektvoll abwarten, bis Sie das Futter in die Krippe gefüllt haben und Sie nicht wie einen Futterkonkurrenten attackieren. Lehren Sie sie, auf Ihren erhobenen Zeigefinger hin im Abstand von mindestens einem Meter stillzustehen – draußen ebenso wie in ihrer Box. Üben Sie dies dann mit einer Futterschüssel in der Hand, aber überstrapazieren Sie ihre Geduld nicht. Tadeln Sie jeden Versuch, nach Ihnen zu schnappen, mit einem scharfen »Nein!« und notfalls einem Klaps auf die Nase. Kontrollieren Sie aber auch, ob Isabell genügend und oft genug Futter erhält. Reichen Sie ihr nach dem Absatteln

eine Handvoll Kraftfutter oder Möhren in einem Schüsselchen und loben sie, wenn Sie sich einigermaßen gesittet beim Fressen benimmt.

Wenn mein Pferd futterneidisch ist, was tun …?

Bandit macht seinem Namen beim Füttern alle Ehre. Er schlägt gegen die Boxenwände und giftet noch während des Fressens die Nachbarpferde an!

… das ist die Lösung!

Wie Bandit verhalten sich Pferde, die eine große Individualzone beanspruchen. In engen Boxen haben sie das Gefühl, ihr Nachbar rücke ihnen zu dicht auf den Pelz. Auch rangniedrige Pferde befürchten, dass ihnen ihre Artgenossen das Futter streitig machen. Da Futterneid die Verdauung beeinträchtigt, fände Bandit in einer größeren Box mit nur einem Nachbarpferd mehr Ruhe. Sorgen Sie für möglichst viel Raufutter, zum Beispiel in einer Futtertasche mit kleiner Öffnung. Und hängen Sie ihm Obstbaumzweige in der Box auf. Knabbern baut Stress ab!

Wenn mein Pferd Kraftfutter in der Box verstreut, was tun …?

Obelisk marschiert beim Fressen hin und her und verteilt sein Futter dabei so »großzügig«, dass die Hälfte in der Streu landet! Durch das Herumwandern zertrampelt er auch das ganze Raufutter.

… das ist die Lösung!

Unruhegeister wie Obelisk haben eine niedrige Reizschwelle und fressen oder ruhen selten wirklich entspannt. Für ihn wäre eine Offenstallhaltung in einer kleinen Gruppe optimal. Dort hätte er jederzeit Zugang zu Raufutter und könnte seinen Drang, das Terrain zu sondieren, befriedigen. Binden Sie ihn nicht fest. Das würde seine Anspannung nur weiter vergrößern. Lange Trabritte könnten ihn ruhiger machen, ausgiebige Massagen sein Körpergefühl verbessern. Füttern Sie nach der Arbeit etwas Kraftfutter außerhalb der Box, damit er den Fressvorgang als Entspannung erlebt.

Was tun, … wenn mein Pferd sein Futter in die Tränke tunkt?

Sobald Joana ein Maul voll Hafer genommen hat, wandert sie zur Selbsttränke und nimmt ein Schlückchen. Durch Körner und Speichel verschmutzt die Tränke stark. Schon zwei Mal war der Tränkmechanismus blockiert.

Die Lösung, … das ist sie!

In der Steppe wandern Pferde oft weit zur Wasserstelle, saufen und fressen also niemals gleichzeitig. Allerdings sind die Gräser zeitweise durch Regen oder Tau feucht. Probieren Sie aus, ob Joana die Angewohnheit beibehält, wenn ihr Kraftfutter angefeuchtet wird. Lassen Sie Trog und Tränke täglich kontrollieren, denn falls ein Verschluss der Wasserzufuhr unbemerkt bleibt, kann Ihr Pferd gefährlich austrocknen!

Hunger und Durst sind die stärksten aller Triebe. Je freier Futter und Wasser zugänglich sind, desto entspannter ist auch das junge Pferd. Im Stall braucht es eine eigene Fohlenkrippe. Ist die Stute sorgsam erzogen, lernt der Nachwuchs durch ihr Vorbild gutes Benehmen. Wenn nicht, müssen Mutter und Kind gemeinsam in die »Grundschule« gehen.

Machen Sie sich mal Gedanken, ...

ob hinter Fress-Auffälligkeiten ein Gesundheitsproblem steckt. Lassen Sie Zähne und Maulwinkel untersuchen, wenn es mit Kör-
nern herumspielt
oder ihm Heu-
wickel aus dem
Maul fallen. Ei-
ne Kotprobe
gibt Aufschluss,
ob sich Würmer
hinter häufigem
Durchfall oder dem
Abspritzen von Kot-
wasser verstecken. Und
eine Blutanalyse deckt
auf, ob der Appetit auf
den eigenen Mist
auf einen Mangel
an Mengen- und
Spurenelemen-
ten zurückzuführen ist.

Die Sache mit den »Untugenden«

Sie glauben, Samurai oder Jule seien im Stall bestens versorgt? Dann wird Ihr Seelenfrieden sicher empfindlich gestört, wenn Ihre Freundin beiläufig fragt: »Hat Samurai schon immer gewebt?« Weben, Koppen und Wandern in der Box werden als Untugenden ge-

brandmarkt. In Wahrheit sind dies psychische Störungen. Sie entstehen, wenn ein Pferd sein natürliches Verhaltensrepertoire nicht ausleben kann. Es flüchtet in Ersatzhandlungen, die oft sogar seine Gesundheit unterminieren. Der wenig Tugendhafte ist also nicht das bedauernswerte Pferd, sondern der Mensch, der ihm eine artungemäße Haltung aufzwingt. Zum Glück reagiert nicht jedes Tier auf die Stallhaltung mit einer Verhaltensstörung. Oft müssen zusätzliche Komponenten wie zu viel Kraftfutter oder ständiger Bewegungsmangel hinzukommen. Aber selbst ein Stallwechsel bringt nicht immer Abhilfe. Denn manchmal ritualisiert ein Pferd das neue Verhaltensmuster. Und dann steht es auf der schönsten Weide der Welt und läuft auf einem kleinen Pfad immer im Kreis . . .

Was tun, ... wenn mein Pferd webt oder in der Box »rundläuft«?

Hilfe, in unserem Stall häufen sich die Untugenden. Meine Katinka ist eine Boxenwanderin und Jennifers Solitär webt, dass man gar nicht mehr hinschauen mag.

Die Lösung, ... das ist sie!

Sie rufen »Hilfe!« Aber in Wahrheit ist das Verhalten Ihrer Pferde ein lauterer Hilfeschrei. Haben Sie schon einmal den Panter im Zoo bedauert, der unaufhörlich hinter den Gitterstäben auf und ab wanderte? Katinka und Solitär drücken auf ihre Weise die gleiche Verzweiflung aus. Ihr Pferdemädchen wandert im Kreis, weil es nicht über eine große Weide marschieren darf; der Wallach verlagert sein Körpergewicht rhythmisch von einem auf das andere Vorderbein. Beide »lullen« sich auf diese Weise in eine Art Trance. Diese Trance hilft ihnen, Bewegungsmangel, Langeweile und den unerfüllten Wunsch nach einem Artgenossen zu vergessen. Bringen Sie schnellstmöglich mehr Bewegung in beider Leben: Auslauf,

Spaziergänge oder -ritte, notfalls auch die Führmaschine. Lassen Sie sich von Pflegemädchen, Reitpartnern oder Betreuern helfen. Können Sie die Trennwände zwischen den Boxen entfernen? Oder auf einer freien Fläche einen Paddock bauen? Langfristig kommen Sie nicht um eine artgemäßere Haltungsform mit Gruppenauslauf herum, denn Ihre Pferde müssen unbedingt in eine Herde!

Wenn mein Pferd koppt, was tun ...?

Frisco hat super Papiere. Doch da er ein Kopper ist, konnte ich ihn günstig kaufen. Das Koppen soll bei ihm keine Koliken hervorrufen ... aber meine Miteinsteller haben Angst, Frisco könnte ihre Pferde »anstecken«. Soll ich ihm einen Kopperiemen anlegen?

... das ist die Lösung!

Tun Sie Frisco das nicht an! Er sucht einen Ersatz für die vielen Fress- und Schluckvorgänge beim Grasen auf der Weide und füllt seinen Magen stattdessen mit Luft. Da dieses Verhalten zur Sucht führt, wird er möglicherweise sogar auf der Weide oder im Paddock zum Zaun laufen, um dort seine Zähne aufzusetzen oder »frei« koppen. Verbessern Sie trotzdem seine Haltungsbe-

dingungen. Er braucht sauberes Stroh als Einstreu und sein Heu verpacken Sie in einen Heusack, damit er sich lange beschäftigen kann. Vielleicht lenkt ihn ein Horseball mit Leck- und Knabberstange ab? Auch wenn er von einer Kolik bislang verschont blieb, stört das Koppen sein Fress- und Ruheverhalten, so dass er allmählich abmagern könnte.

Was tun, ... wenn mein Pferd ständig scharrt?

Jasmin stört nachhaltig die Stallruhe, weil sie durch ständiges Scharren ihre Einstreu von einer Ecke in die andere schiebt und nun auch noch angefangen hat, gegen die Boxenwände zu schlagen.

Die Lösung, ... das ist sie!

Ihre Stute langweilt sich und macht auf sich aufmerksam. Schaffen Sie keine Abhilfe, kann sie noch schwerere Verhaltensstörungen entwickeln. Stellen Sie sie schnellstens mit anderen Pferden zusammen. Vielleicht hilft auch schon der Umzug in eine Außenbox oder stundenweiser Aus-

lauf. Denn auch wenn wir lächelnd von Schabernack sprechen, wenn Pferde mit Türriegeln spielen (bricht das Pferd aus und wird in einen Unfall verwickelt, vergeht dem Besitzer allerdings das Lachen), Tränken und Tröge abmontieren oder die Wände abschlecken, sind dies deutliche Symptome für Langeweile. Bei einem lebhaften Pferd richtet sich der Missmut möglicherweise bald gegen den Reiter, der sich dann immer häufiger auf dem Hallenboden wiederfindet. Der ruhigere Typus wird vielleicht »nur« unaufmerksam. Festbinden in der Box oder »Zwiebeln« beim Reiten ist genau der falsche Weg. Gewähren Sie Ihrem Pferd lieber die Freiheit, die es braucht, um seine psychischen und physischen Triebe auszuleben!

Wenn mein Pferd nach anderen schnappt, was tun ...?

Dancer ist im Umgang mit Menschen freundlich, fletscht aber sofort die Zähne, sobald andere Pferde an seiner Box vorbeigehen.

... das ist die Lösung!

Dancers Box so zu verschließen, dass er nicht mehr hinausschauen kann, ist keine Dauerlösung. Er muss lernen, seine Artgenossen zu tolerieren. Vermutlich wuchs er isoliert auf und lernte niemals, sich wie ein normales Pferd zu benehmen. Bringen Sie ihn täglich – zunächst durch einen Zaun getrennt – mit einem ranghohen freundlichen Pferd zusammen. Dann kann er dieses Defizit nachholen. Später integrieren Sie ihn in eine kleine Gruppe auf großem Terrain, das Platz zum Ausweichen bietet. Verhält sich Dancer allerdings nur in seiner Box so, ist seine Aggressivität Ausdruck von Missmut. Testen Sie, ob ein Horseball oder Knabberzweige Abhilfe schaffen. Ändert er sich nicht, muss er in die letzte Box umziehen. Das ist besser, als wenn er in Ihrer Abwesenheit von verärgerten Pferdebesitzern Gertenhiebe einstecken muss.

Was tun, ...   wenn mein Pferd nicht allein bleiben will,

Gauner steht in einer Außenbox in einer Anlage mit nur vier Pferden. Werden seine Stallnachbarn ausgeritten, gerät er in Panik. Kürzlich ist er über die Boxentür geklettert und hat sich am Sprunggelenk verletzt. Schließen wir die obere Türhälfte, fängt er drinnen an zu toben! Er beruhigt sich auch nicht, wenn ich bei ihm bleibe.

Die Lösung,   ... das ist sie!

Gauner betrachtet seine Boxennachbarn als seine Herde. Nur wenn sie zu Hause sind, fühlt er sich geborgen. Tadeln oder strafen Sie ihn nicht, denn sein Kleben drückt seinen Wunsch nach Schutz aus. Natürlich können Sie von Ihren Miteinstellern nicht erwarten, dass sie immer zur gleichen Zeit reiten wie Sie. Aber da Gauner sich und andere durch seine Ausbruchversuche gefährdet, bringen Sie ihn schnellstmöglich in einem Stall mit großem Pferdebestand unter. Hier gewöhnen Sie ihn allmählich daran, auch einmal allein zu stehen und mit Ihnen Spaziergänge und Ausritte ohne Begleitpferde zu machen. Erst wenn er viele Male erfahren hat, dass ihm dabei nichts geschieht, wird sich seine Angst verringern.

Ohne ein schützendes Dach über dem Kopf kann in unseren Breiten kein Pferd korrekt gehalten werden. Auch Verletzungen oder Krankheiten können einen zeitweiligen Stallaufenthalt erfordern. Daher muss schon Ihr Youngster lernen, dass der Stall zu seinem Leben gehört. Ist dieser hell, sauber und geräumig mit Blick nach draußen, wird er darin kaum psychische Störungen entwickeln. Vorausgesetzt, er kann sich täglich viele Stunden lang mit seinen Kumpels frei bewegen!

Machen Sie sich mal Gedanken, ...

ob Sie vielleicht eine Stallanlage akzeptieren, die Ihnen »aus dem Bauch heraus« nicht wirklich gefällt? Ihr Instinkt ist ein guter Ratgeber! Vielleicht finden Sie, wenn Sie ein paar Kilometer weiter fahren oder ein paar Euro mehr ausgeben, einen Betrieb, in dem Ihr Pferd sich wohler fühlen würde. Mit etwas Findigkeit können Sie den Mehraufwand an anderer Stelle sicher wieder einsparen!

Am Putz- und Sattelplatz

Jeden Tag halten Sie sich lange Zeit am Putz- und Sattelplatz auf. Für Sie ganz normal. Für Ihr Pferd mittlerweile auch. Dennoch: Eigentlich ist das ein Ort, an dem es völlig unnatürliche Prozeduren über sich ergehen lassen muss! Wird ein Wildpferd geputzt? Nein, seine Fellpflege übernehmen Sonne, Wind, Regen und Sand. Und manchmal darf ihm ein Kumpel Widerrist und Kruppe beknabbern. Weiter: Auch das Anlegen der Ausrüstung ist etwas Widernatürliches. Kein Wildpferd trägt einen stramm gezogenen Gürtel um den Bauch! Doch erst Halfter, Zaumzeug und Sattel oder Geschirr ermöglichen es uns, ein so kraftvolles Tier zu kontrollieren. Mit dem, was sich Ihr Pferd unter einem fröhlichen Pferdeleben vorstellt, hat das wenig zu tun. Fazit: Auch Ihr Pferd musste erst lernen, dass es so etwas wie Putzen, Satteln, Auftrensen und Bandagieren in seinem Leben gibt … und sich daran gewöhnen. Eine Gewohnheit entsteht durch eine klare Anweisung und wiederholtes Üben. Klappt also irgendetwas in diesem Bereich nicht, haben Sie sich vermutlich Ihrem Pferd gegenüber nicht verständlich genug ausgedrückt. Vielleicht haben Sie heute das Herumturnen verboten, um es morgen wieder gottergeben zu dulden. Oder einfach nicht die notwendige Konsequenz für ein bisschen Grunderziehung aufgebracht. Ob Musterkind oder Tunichtgut: Das Verhalten Ihres Pferdes zeigt auf, ob Sie eine einfühlsame Erziehungsperson sind. Wenn es also Probleme gibt, fangen Sie heute damit an, sie auszuräumen. Das ist nirgendwo so leicht und zum Glück auch ungefährlich wie am Putzplatz.

Anbinden und Putzen

Wer festgehalten wird, kann weder weglaufen noch sich wehren. Bei Gefahr sinkt seine Überlebenschance. Das empfindet das Fluchttier Pferd beim Anbinden. Hat es sich jedoch daran gewöhnt, entdeckt so manch ein vierbeiniger Schlaumeier, dass er Sie ganz schön tyrannisieren kann! Das Putzen selbst genießen die meisten Pferde, sofern Sie dabei nicht ruppig vorgehen. Für Sie ist es die beste Möglichkeit, den Pferdekörper auf krankhafte Veränderungen zu kontrollieren.

Was tun, ... wenn mein Pferd sich nicht anbinden lässt?

Das Festzurren des Stricks löst bei meiner neuen Stute Angstattacken aus. Sie zerrt, steigt und versucht, sich hinzuwerfen!

Die Lösung,   ... das ist sie!

Da Santana durch viele Hände ging, werden Sie die Ursache kaum herausfinden. Bringen Sie ihr daher als erstes das Stillstehen bei (S. 46), damit Sie lernt, Ihnen zu vertrauen und Sie sie unangebunden putzen und satteln können. Legen Sie den Strick zunächst nur über den Anbindebalken und knüpfen Sie später einen Wollfaden (keine Heukordel!) zwischen Halfteröse und Führstrick, da dieser bei Zug sofort reißt.

Was tun, ... wenn mein Pferd hampelt und bettelt?

Prinz angelt nach dem Putzzeug, schubbert sich an mir und sucht nach Leckerchen! Er ist ein richtiger Quirl!

Die Lösung,   ... das ist sie!

Auch wenn Ihr Quälgeist sich offensichtlich in seiner Haltungsform langweilt, muss er angebunden ruhig stehen! Binden Sie ihn kurz und hoch an und entfernen alles aus seiner Reichweite. Schieben Sie seinen Kopf weg, wenn er Sie anschubst oder bettelt, ignorieren Sie sein Scharren und füttern Sie nur noch nach dem Reiten oder Longieren aus der Hand!

Wenn mein Pferd ein **Zänker** ist, was tun ...?

Lotte schnappt und tritt nach Pferden, Menschen und Hunden! Warum darf ihr niemand zu nahe kommen?

... das ist die Lösung!

Lotte verteidigt ihre Individualzone. Sie muss lernen, dass, wenn der Boss (Sie!) »Nein!« sagt, die Zänkereien aufhören. Üben Sie mit ihr das Stillstehen. Beißt sie heftig, besorgen Sie ihr einen Maulkorb, auch wenn Ihre Reiterkameraden lachen. Pferdebisse reißen ernste Wunden. Vielleicht reicht auch ein weiches, ins Halfter geknüpfte Tuch ums Maul. Halten Sie einen Huf hoch, während Menschen, Pferde und Hunde um sie herumwuseln, damit sie nicht ausschlagen kann. Stoppen Sie jeden Ansatz dazu mit einem »Nein!« und loben Sie braves Verhalten. Klappt dies, verstecken Sie sich am Anbindeplatz. Beginnt Lotte zu zanken, springen Sie hinzu und rufen »Nein!«.

Wenn mein Pferd sich nicht anfassen lässt, was tun ...?

Mondfee zappelt herum, sobald ich ihren Bauch bürste. Und wenn ich die Ohren berühre, versucht sie sogar zu steigen!

... das ist die Lösung!

Ihre Araberin ist kitzelig und ängstlich zugleich. Benutzen Sie statt der Bürste Lappen und bauen Sie ihre Berührungsscheu durch lange Striche über Hals, Flanke, Kruppe und Beine ab. Variieren Sie die Druckstärke, um herauszufinden, was sie als angenehm empfindet. Am Bauch arbeiten Sie sich behutsam zu den kitzligen Bereichen in Euternähe vor. Kneten Sie den Mähnenkamm und üben leichten Druck aufs Genick aus, damit sie den Kopf senkt. Jedes Nachgeben ist ein Zeichen beginnenden

Vertrauens! Ist dies abrufbar, beginnen Sie, ihre Ohren zu kneten, was Pferde sehr lieben! Werden Sie niemals ungeduldig, sondern lassen ihr Zeit, die Scheu vor Ihren Händen abzubauen.

Was tun, ... wenn mein Pferd Angst vorm Wasser hat?

Fritzchen hasst das Abspritzen der Beine! An ein Shampoonieren von Mähne oder Schweif ist gar nicht zu denken!

Die Lösung, ... das ist sie!

Fritzchen mag wohl den kalten, harten oder kitzeligen Strahl aus dem Schlauch nicht! Waschen Sie nur seine Hufe mit einem Schwamm aus einem Eimer mit warmem Wasser. Akzeptiert er dies, benetzen Sie seine Beine bis in Höhe der Karpal- und Sprunggelenke. Zum Abspülen benutzen Sie eine Gießkanne. Auch beim Waschen von Mähne und Schweif sollten Sie es mit Eimer und Gießkanne versuchen!

Was tun, ... wenn mein Pferd vor der Schermaschine scheut?

Ich möchte Sultan im Winter trainieren und daher sein Fell scheren. Leider stellt er sich dabei so unmöglich an, dass ich befürchte, ich könnte ihn mit der Maschine verletzen!

Die Lösung, ... das ist sie!

Die Schermaschine produziert ein ungewohntes Geräusch, Wärme und Prickeln auf der Haut. Gewöhnen Sie Sultan zunächst an die nicht in Betrieb befindliche Maschine, indem Sie ihm damit über Hals, Rumpf und Beine und, wenn er dies erlaubt, über den Kopf streichen. Danach lassen sie in seiner Nähe einen Fön laufen und gewöhnen ihn an den warmen

Luftstrom. Nehmen Sie den laufenden Fön und ausgestellte Schermaschine in jeweils eine Hand und bewegen beide gleichzeitig über
seinen Körper. Nun dürfte auch das Scheren problemlos klappen. Achten
Sie auf scharfe Scherköpfe, denn stumpfe bergen ein Verletzungsrisiko!
Übrigens: Auf ähnliche Weise gewöhnen Sie Ihr Pferd auch an das Putzen mit dem Staubsauger!

Wenn mein Pferd die Hufe nicht geben will, was tun…?

Jolantha lässt sich nur schwer von der Stelle bewegen und stemmt ihre
Hufe in den Boden, wenn ich sie aufheben will!

… das ist die Lösung!

Ihr stures Stütchen verwehrt Ihnen die Aufmerksamkeit, die einem Leittier zukommt. Wecken Sie sie auf, indem Sie sie zweimal sanft antippen,
wenn sie zur Seite treten soll und – da sie darauf kaum reagieren wird –
geben ihr dann einen spürbaren Klapps! Nicht schimpfen, sondern
loben, wenn sie hochzuckt und sich bewegt! Üben Sie flinke Reaktionen
auch beim Führen (siehe »Bodenarbeit«). Statt am Huf zu zerren, fassen
Sie die Sehnen rechts und links an den Röhrbeinen mit den Fingern und
drücken impulsartig zu. Oder massieren Sie die Beine, ehe Sie an den
Kötenhaaren zupfen. Klappt das auch nicht, führen Sie Jolantha im
schnellen Schritt den Putzplatz entlang, stoppen sie dann und versuchen
Sie es sofort noch einmal. Aus der Bewegung heraus ist sie vermutlich
reaktionsschneller.

Wenn mein Pferd beim Bandagieren zappelt, was tun…?

Django tritt so unruhig hin und her, dass sich die Bandagen immer wieder abwickeln!

Die Lösung,   ... das ist sie!

Vermutlich irritieren ihn die Berührungen oder zu fest gezogene Bandagen lösen ein Engegefühl aus. Massieren Sie seine Beine täglich vom Kronrand zu Karpal- und Sprunggelenken. Üben Sie zügiges Bandagieren an einem Stuhlbein. Alternativ können Sie auf Gamaschen ausweichen, die sich schneller und leichter anlegen lassen.

Was tun, ... wenn mein Pferd am Putzplatz äpfelt?

Ich drücke mich nicht davor, Mist wegräumen, aber warum muss Jil gerade hier solche Riesenhaufen produzieren?

Die Lösung,   ... das ist sie!

Hengste koten, um ihr Territorium zu markieren. Bei Wallachen beobachtet man es seltener, bei Stuten nicht. Allerdings haben alle ihre Lieblingsmistecken und Putzplätze gehören dazu! Vielleicht, weil das Bürsten das Pferd entspannt oder es sich nach dem Reiten einfach leichter lösen kann!

Beim Anbindetraining gehen die Meinungen auseinander. Die einen binden die Babys dicht nebeneinander in einer Reihe an einem wirklich stabilen Holm an und lassen sie dann stehen (und ziehen), bis sie merken, dass nichts passiert Die anderen pochen auf ein behutsames Vorgehen, das mit einer Minute beginnt und sich allmählich steigert. Variante Eins bezweckt, dass das Pferd kämpft und aufgibt, sobald es seine Unterlegenheit und die Harmlosigkeit der Situation erkennt. Variante Zwei will das Pferd durch Einsicht von der Ungefährlichkeit überzeugen. Sie funktioniert in jedem Alter und mit jedem Pferd, erfordert aber Geduld. Eine gute Vorbereitung auch fürs Führen: Das Fohlen regelmäßig am Bauchgurt der Mutter festbinden!

Satteln

Vom Pferd fallen wollen Sie nicht; und Sie selbst möchten auch bestimmen, wo es »lang geht« … Also brauchen Sie einen Sattel, in dem Sie sicher sitzen und der den Rücken Ihres Pferdes schont, sowie eine Zäumung, mit der Sie Richtung und Tempo kontrollieren. Dieses Instrumentarium überträgt Ihre Signale in Form von Druck und Zug auf Kopf und Körper Ihres Pferdes. Ein ungerittenes Tier empfindet Druck und Zug aber als einen Zwang, der das Flucht- oder Wehrverhalten auslöst. Ehe Sie also über Schwierigkeiten beim Satteln und Aufzäumen stöhnen, helfen Sie Ihrem Pferd lieber auf verständnisvolle Weise beim Gewöhnungsprozess!

Wenn mein Pferd sich nicht auftrensen lässt, was tun …?

Hunter reißt den Kopf hoch, wenn ich mit der Trense komme. Ist das Gebiss endlich im Maul, steigt er, sobald ich das Genickstück überstreife.

… das ist die Lösung!

Ihr Wallach hat wohl schmerzhafte Erfahrungen mit dem Aufzäumen gemacht.

Klären Sie ab, ob Zähne und Maulhöhle in Ordnung sind und ob Gebiss und Lederzeug intakt sind und passen. Bauen Sie eine Weile nur über Bodenarbeit mit Halfter Respekt und Vertrauen auf. Nach dem Longieren oder der Freiarbeit massieren Sie Hunters Mähnenkamm und Genick und drücken seinen Kopf sanft nach unten, damit er lernt nachzugeben. Tunken Sie Ihre Finger in Honigwasser und massieren Lippen und Zahnfleisch. Reiben Sie ein Gummigebiss mit Honig ein, schieben es ihm ins Maul, lassen ihn daran kauen und ziehen es wieder heraus. Fordern Sie ihn vorm Auftrensen durch den ihm nun bekannten Druck aufs Genick auf, den Kopf zu senken. Ziehen Sie ihm die Trense (ohne Sperrhalfter) mit dem »Honig-Gebiss« an und lassen ihn damit Kraftfutter fressen. So müsste es auch mit der Metalltrense klappen. Übrigens gibt es auch Pferde, die nur ein bestimmtes Mundstück hassen, zum Beispiel die starre Stange. Ihnen hilft oft der Wechsel zu einem milderen Gebiss!

Was tun, ...   wenn mein Pferd Angst vorm Satteln hat?

Dorle mag weder Longiergurt noch Sattel. Beim Auflegen tanzt sie herum und drückt den Rücken weg!

Die Lösung,   ... das ist sie!

Dorle leidet unter Sattelzwang, der bei einigen Pferden so ausgeprägt ist, dass sie sich gefährlich wehren oder gar hinwerfen. Falls Dorles Rücken, Bauch und Ellbogen in Ordnung sind, verzichten Sie ein paar Tage aufs Reiten und massieren ihren Körper täglich mit langen Strichen und Kreiseln des Handtellers. Binden Sie ein langes Saunatuch zu einer »Wurst«. Legen Sie die über Dorles Rücken und bitten einen Helfer, die Rolle mit Ihnen vom Widerrist zur Kruppe und später auch unter Dorles Bauch hin und her zu ziehen. Knoten Sie Strumpfhosen zu einem Schlauch zusammen. Winden und binden Sie ihn um den Pferdebauch, bis er ähnlich straff sitzt wie ein leicht angezogener Sattelgurt. Damit führen und longieren Sie Dorle einige Tage. Beim Satteln gurten Sie künftig nicht sofort fest an, sondern führen die Stute erst spazieren und arbeiten sich Loch für Loch vor. Damit der Sattel nicht verrutscht, sitzen Sie am besten von einer Aufsitzhilfe auf.

Wenn mein Pferd schnappt, was tun ...?

Wenn ich den Gurt festziehe, versucht Paulchen, mich zu beißen. Ein paar Mal hat er mich schon erwischt!

... das ist die Lösung!

Auch wenn Paulchen das einengende Gefühl hasst: Nach seinem Leittier schnappt man nicht! Seine Respektlosigkeit räumen Sie durch Stillstehübungen aus. Binden Sie ihn kurz und hoch an, gehen Sie beim Gurten behutsam vor und drücken Sie mit einem »Nein!« seinen Kopf immer wieder weg oder lassen ihn festhalten. Sobald er Sie als Boss respektiert, wird er nicht mehr wagen, zu schnappen. Tut er es doch, bekommt er einen Klaps auf die Nase. Möglicherweise wird er künftig als »Ersatzhandlung« in den Anbindeholm beißen.

Machen Sie sich mal Gedanken ...

 über den Rücken Ihres Pferdes! Viele Probleme gehen auf unerkannte Erkrankungen und Muskelverspannungen zurück, die vorrangig von schlecht passenden Sätteln, aber häufig auch von Reitfehlern herrühren.

Nicht ganz Alltägliches

Stellen Sie sich vor, Sie lebten in vollkommener Freiheit und könnten selbst entscheiden, ob Sie essen, spielen, spazierengehen oder schlafen wollen. Doch auf einmal ist es vorbei damit! Ihr neuer Gebieter nimmt sie an die lange oder kurze Leine, lässt Sie entweder relativ langweilige oder auch anstrengende Sachen tun. Und nun zerrt er auch noch an Ihren Beinen, wohl um Sie zu Fall zu bringen, und nähert sich mit glühenden Schuhen. Er sticht Ihnen mit einer Nadel in Hals oder Po oder sperrt Ihnen mit einem monströsen Gegenstand den Mund auf, um darin herumzustochern. Und irgendwann zwingt er Sie sogar, in ein dunkles Loch hineinzuklettern, von dem Sie ganz sicher wissen, dass sich darin ein Ungeheuer versteckt ... Willkommen in der Welt der Reitpferde! Was sich wie eine witzige Gruselgeschichte liest, soll Ihnen die Ängste eines jungen oder unerfahrenen Pferdes aufzeigen. Für Sie sind Hufschmied und Tierarzt vertrauenswürdige Personen, die Ihnen helfen, Ihr Pferd aufs Reiten vorzubereiten und seine Gesundheit zu erhalten. Für Ihr Pferd sind es Wesen, die an ihm herumhantieren. Und das auf eine Weise, die ihm Angst einjagt und sogar Schmerzen zufügt. Ist es da nicht verständlich, dass es zu fliehen versucht oder sich zur Wehr setzt? Auch der Einstieg in den Transporter ist eine aus seiner Sicht höchst riskante Aktion, bei der es um sein Leben bangt. Angst – und nicht die Absicht, Sie zu ärgern, steckt also hinter den meisten Schwierigkeiten in den nicht alltäglichen Zusammentreffen mit Hufschmied und Tierarzt und beim Verladen. Eine Angst, die auch nur durch liebevolle Gewöhnung verschwindet.

Beim Hufschmied

Zeigt her eure Füße ... in der Wildbahn natürlich nicht. Dort halten sich Nachwachsen und Abrieb des Hufhorns durch die Bewegung über unterschiedliche Böden im Gleichgewicht. Ihr Reitpferd aber erhält regelmäßig Besuch vom Schmied. Er schneidet die Hufe aus und versieht sie meist auch mit einem Schutz in Form von Eisen oder Hufschuhen.

Was tun, ... wenn mein Pferd sich gegen den Hufschmied wehrt?

Bràna entzieht dem Schmied ständig die Hufe. Ein paar Mal fiel sie dabei schon hin!

Die Lösung, ... das ist sie!

Für Bràna ist der Hufschmied ein Feind, der sie zu Boden werfen will! Lassen Sie sie beim Beschlagen eines routinierten Pferd zuschauen, damit sie sieht, dass nichts passiert. Beklopfen Sie täglich ihre Hufe und üben Sie das Aufhalten in ihrer Box, damit sie lernt, sich auf drei Beinen auszubalanicieren. Beim Schmiedebesuch binden Sie neben ihr einen braven Artgenossen an, der ihr Vertrauen einflößt. Statt ihr eine Nasenbremse aufzuziehen, kneten Sie ihre Oberlippe.

Ersparen Sie Ihrem Youngster die für Pferd und Hufschmied gleichermaßen traumatischen Erfahrungen und machen Sie das Hantieren an den Hüfchen zum Bestandteil des täglichen Umgangs. Erst kommt die Mutterstute dran, die (hoffentlich!) vorbildlich brav die Hufe hebt, danach der Mini. Dabei klopfen Sie mit Hufräumer oder einem Hämmerchen ein wenig am Horn herum. Ans Fohlenhalfter gewöhnt und an Mutters Bauchgurt angebunden, lernt das Kleine schnell das Stillstehen und ist am Schmiedplatz – neben Mama angebunden – dabei, wenn Mamas Füße berundet werden. Kontrollieren Sie auch nach dem Absetzen die Hufe regelmäßig, heben sie auf und beklopfen sie. Probleme wird's dann vermutlich nie geben!

Beim Tierarzt

Natürlich meint es der Tierarzt nur gut! Aber für Ihr Pferd ist er der fremd-
artig riechende Mensch, der entweder auftaucht, wenn es ihm sowieso
schon ganz miserabel geht oder um schreckliche, beängstigende Dinge
mit ihm zu tun. Begegnen Sie seiner Furcht mit Verständnis!

Wenn mein Pferd große Angst vorm Tierarzt hat, was tun ... ?

Schon vor dem Eintreffen des Tierarztes muss ich Holly festbinden. Sobald sie ihn nur sieht, gerät sie in Panik!

... das ist die Lösung!

Holly steigert sich aufgrund schmerzvoller Erinnerungen in eine extreme
Angst, die Sie eventuell nur durch einen Tierarztwechsel abbauen können. Lassen Sie den neuen Doc mindestens zwei Mal kommen, wenn sie
pumperlgesund ist. Marschieren Sie gemeinsam durch die Reitanlage
und lassen ihn Holly füttern. Muss sie dann
untersucht oder behandelt werden, binden Sie
sie neben vertrauten Pferden an, sofern sie diese nicht in Gefahr
bringt. Bedecken Sie ihre Augen
mit einem Tuch und halten ihr eine Haferschüssel vor. Tierärzte
weichen gern in die Box mit ihren
geringeren Abmessungen aus. Doch
das untergräbt das Urvertrauen des
Pferdes in seine Box, die ein Platz der
Geborgenheit bleiben sollte. Notfalls müssen Sie Holly vorher
ein Beruhigungsmittel geben.

Was tun, ... wenn mein Pferd keine Medikamente einnehmen will?

Habe ich die Wurmkur endlich in Janoschs Maul, spuckt er sie gleich wieder aus. Mische ich ihm Medikamente ins Futter, rührt er es gar nicht erst an!

Die Lösung, ... das ist sie!

So übel schmecken viele Medikamente gar nicht mehr! Geben Sie Janosch vor dem Wurmkurtermin Zuckerwasser oder Apfelmus aus der Gummispritze, damit er das Maul leichter öffnet. Schieben Sie die Spritze seitlich tief in die Maulhöhle und nicht bloß in die Lippentasche; halten Sie seinen Kopf hoch und streichen über den Kehlkopf, damit er das Mittel abschluckt. Medikamentengeschmack im Futter überdecken Sie am besten mit Honig, Apfelmus und zerdrückten Bananen.

Beim Verladen

Eine dunkle Höhle ... für viele Pferde scheint genau das der Hänger zu sein. Helfen Sie ihm zu begreifen, dass er nichts ist als ein kleiner Stall, der von A nach B fährt. Verladesicherheit ist nicht nur für ein aktives Reiterleben nützlich, sondern spart im Notfall, wenn Ihr Pferd in eine Klinik muss, kostbare Zeit!

Was tun, ... wenn mein Pferd nicht in den Hänger will?

Brick zu verladen ist ein Schweiß treibender Akt! Auch wenn wir den Hänger an einer Wand parken, vorn die Ausstiegsklappe öffnen, Licht anschalten, den Boden mit Stroh bedecken, mit Führpferd und Longen nachhelfen ... es klappt nicht!

... das ist die Lösung!

Brick vertraut Ihnen nicht genug. Respekt und Vertrauen stellen Sie durch Führübungen (siehe »Bodenarbeit«) her. Üben Sie auch das Führen durch enge Passagen, über Holzplanken und unter Planen und Decken. Füttern Sie ihn täglich aus einer Schüssel von der Rampe. Laden Sie in seinem Beisein öfter ein routiniertes Pferd ein und aus. Motivieren Sie ihn, die Rampe zu beschnuppern und seine Hufe darauf zu setzen. Geht er freiwillig hinein, wird er gefüttert und wieder herausgeführt. Wiederholen Sie das häufig. Die erste Fahrt dauert höchstens fünf Minuten. Manche Ausbilder schwören darauf, einen langen Strick im Transporter um den Holm zu schlingen (dicke Handschuhe anziehen!) und das Pferd im Zeitlupentempo in den Hänger zu ziehen. Dabei wird keinerlei Gewalt angewendet. Bei jedem Schritt vorwärts lässt der Druck aufs Halfter nach. Ist das Pferd im Hänger, wird es gelobt, gefüttert und wieder ausgeladen. Danach beginnt die Prozedur erneut, bis es ohne Angst viele Male hintereinander ein- und ausgeladen werden kann.

Verbände anlegen, Salben auftragen und Möhrenbrei ins Maul spritzen ... das können Sie mit dem gesunden Jungpferd üben! Auch das Verladen wird nie zum Problem, wenn es als Saugfohlen lernt, neben einer routinierten Mutter in den Hänger zu steigen und dort sein Futter in Empfang zu nehmen. Und später nehmen Sie sich Zeit für ein Vertrauen bildendes Führtraining!

Bei der Bodenarbeit

Die meisten Menschen kaufen sich ein Pferd, um es zu reiten. Manche geben sogar Geld für Unterricht aus. Dass sie auch vom Boden aus mit ihm umgehen, betrachten sie als bloße Notwendigkeit. Irgendwie muss der Vierbeiner ja zum Sattelplatz oder zur Weide gelangen … Geht es Ihnen auch so? Ihr Pferd sieht das anders! Reiten ist lediglich *ein* Bestandteil seines Lebens. Viel wichtiger ist ihm, dass es sich unter Pferden bewegen darf! Sie sind nur ein Zweibeiner und kein Artgenosse. Vielleicht so was wie ein Lebensabschnittsgefährte. Doch sobald Sie den Führstrick in der Hand halten, bilden Sie eine Miniherde. Wer ist hier der Boss? Oft sagt das Pferd klipp und klar: »Sicherheitshalber ich!« Als Chef duldet es zwar großzügig Ihr Schimpfen, setzt aber doch durch, dass es mal hier einen Grashalm zupft und sich dort vordrängelt. An manchen Dingen geht es gar nicht vorbei. Die sind viel zu unheimlich, und von Ihnen kann man ja keinerlei Schutz erwarten … Was ich damit sagen will? In dem Augenblick, in dem Sie Ihr Pferd an die Hand nehmen, fängt der Rangordnungskampf an. Denn Ihr Pferd ist perfekt in Körpersprache. Es erkennt auf den ersten Blick, ob Sie bereit (und in der Lage!) sind, die Führungsrolle zu übernehmen. Wenn ja, schmollt es anfangs ein wenig. Aber irgendwann seufzt es erleichtert auf: »Jetzt kann ich mich um wichtigere Dinge kümmern. Mein Boss passt ja auf!« Alle Probleme am Boden – beim Führen, beim Longieren, bei der Freiarbeit – lassen sich daher lösen, wenn Sie erkennen, dass Sie nichts anderes sein müssen als das Leittier in Ihrer Miniherde.

Führen

Zahllose Male führen Sie Ihr Pferd – vom Stall zur Weide, vom Reit- zum Anbindeplatz! Verhält es sich dabei wie ein Hampelmann oder wie ein Sturkopf? Wenn ja, stellt es Ihre Rolle als Leitpferd in Frage. Beim Führen entscheiden Sie über die Rangordnung. Und so wie sich aus »Führungsproblemen« eines Tages auch Reitprobleme ergeben können, lassen sich Schwierigkeiten »auf dem Pferd« oft lösen, sobald Sie die Rollenfrage am Boden geklärt haben!

Was tun, … wenn mein Pferd mich beim Führen ignoriert?

Je nach Lust und Laune überholt mich Jojo, drängelt und zerrt … und still stehen will er schon gar nicht!

Die Lösung, … das ist sie!

Die Ursache für Jojos dominantes Verhalten ist vermutlich Ihre Inkonsequenz. Sie tadeln heute, was Sie morgen seufzend erlauben. Schaffen Sie ein Fundament für mehr Respekt und Vertrauen durch Stillstehen am Halfter. Wecken Sie mit aufrecht gestellter Gerte Jojos Aufmerksamkeit und geben das Kommando »Steh!« oder »Whoa!«. Macht er einen oder mehrere Schritte auf Sie zu, schlenkern Sie mit dem Strick, tippen mit der Gerte das »ungehorsame« Bein an und schicken ihn zurück. Bleibt er ruhig stehen, senken Sie Hand und Gerte, loben ihn und beenden die Übung. Wiederholen Sie das täglich an verschiedenen Orten und verlängern allmählich die Stillsteh-Phase. Erfreulich: Der Gehorsam, den Jojo hierbei lernt, überträgt sich auf alle anderen Bereiche, in denen Sie mit ihm umgehen!

Was tun, … wenn mein Pferd beim Spaziergang grasen will?

Eigentlich möchte ich Pinky durch Spaziergänge zusätzliche Bewegung verschaffen. Weit kommen wir nie, denn beim ersten Grasbüschel reißt sie ihren Kopf runter.

... das ist die Lösung!

Sicher, Pinky hat Appetit auf frisches Grün, gehorchen muss sie trotzdem. Ziehen Sie Ihr ein
Halfter mit Strick unter die Trense, führen
Sie aber mit Trense und Führzügel spazieren. Der Zügel läuft vom äußeren Trensenring durch den inne-
ren in Ihre Hand. Unterbinden
Sie konsequent *jeden* Grase-
versuch, auch wenn das
mühsam ist. Gehen Sie
zügig vorwärts und lassen
Sie die Stute zwischen-
durch still stehen. Erst am
Ende der Runde ziehen Sie die
Trense aus und erlauben ihr zu grasen. So wird das Grasen zur Beloh-
nung.

Wenn mein Pferd an der Hand heftig reagiert, was tun ...?

Don Juan ist so temperamentvoll, dass ich ihn nur mit Steigergebiss führen kann. Er imponiert, steigt, wenn ihm etwas nicht passt, und jagt mir
höllische Angst ein!

... das ist die Lösung!

Keine Bange, auch dieser Macho lässt sich zu einem Gentleman erziehen. Hengste sind von Natur aus kampfbereiter und brauchen Konsequenz, gepaart mit Fairness. Klar, Konsequenz ist anstrengend, zumal
ein Hengst Ihre Souveränität immer wieder »abfragt«. Tragen Sie im
Umgang mit ihm feste Schuhe mit griffiger Sohle, Handschuhe und Ger-

te und ziehen Sie ihm ein Halfter mit Führkette an. Neben dem Stillstehen trainieren Sie korrektes Führen: Schnalzen, Antreten lassen (gehorcht er nicht sofort, mit der Gerte links nach hinten langen und seine Flanke antippen) und beim Gehen respektvollen Abstand fordern. Seine Nase darf *nie* vor Ihre Schulter geraten, er darf Sie *nie* ohne »Einladung« mit seinem Körper berühren! Bei Aggressivität bewahren Sie Ruhe, tadeln ihn scharf mit einem »Nein!« und rucken (nicht zerren) an der Kette. Schicken Sie ihn ein paar Tritte zurück und lassen ihn still stehen. Wenden Sie ihn stets nach rechts ab (auch wenn Sie nach links wollen), damit er lernt, Ihnen auszuweichen. Sorgen Sie aber auch für viel Freilauf, damit er sich austoben kann!

Was tun, ... wenn mein Pferd unterwegs häufig Angst hat?

Banjo benimmt sich an der Hand brav, will aber beim Spaziergang an vielen Dingen wie Mülltonnen oder Briefkästen gar nicht vorbeigehen!

Die Lösung, ... das ist sie!

Banjo ist sich nicht sicher, ob Sie ihn wirklich beschützen können. Beim Anti-Scheu-Training bauen Sie sowohl sein Vertrauen auf als auch seine Scheuneigung ab. Während er auf dem geschlossenen Reitplatz herumläuft, hantieren Sie mit ungewöhnlichen Dingen – Regenschirmen, Plastiktüten und -planen oder einem mit leeren Dosen gefüllten Rappelsack. Belohnen Sie ihn, wenn er von selbst näher kommt, die Sachen beschnuppert, sich damit berühren und schließlich daran vorbei führen lässt. Wenn man sie anfangs nicht festhält, bauen Pferde schnell ihre Scheu ab. Zeigen Sie ihm auch am Putzplatz ungewöhnliche Dinge oder nehmen Sie Tüten, Schirme und kleine Planen auf Ihre Spaziergänge mit – er wird von Tag zu Tag weniger Angst zeigen!

Auch wenn's süß aussieht und anfangs noch ungefährlich ist: Lassen Sie sich niemals auf Rangeleien mit Ihrem Fohlen ein. Heute mögen Sie gewinnen, aber morgen wiegt Baby ein paar Pfunde mehr und rennt Sie mit Siegesmiene um! Fordern Sie von Ihrem Youngster nichts, das seine körperliche und psychische Reife übersteigt – aber bestehen Sie darauf, dass er jedes Kommando, das er begreifen kann, auch befolgt. So lernt er von klein auf Ihre Rolle als Leitpferd zu akzeptieren!

Machen Sie sich mal Gedanken ...

 über die Positionen der Pferde in einer Herde. Die Leitstute ist sich ihrer Souveränität absolut sicher und setzt voraus, dass alle Herdenmitglieder ihr folgen, wenn sie vorausgeht. Der Leithengst dirigiert die Herde aus der treibenden Position heraus in jede gewünschte Richtung. Beide Pferde erwarten, dass man ihnen jederzeit ausweicht. Ihr Ziel ist es, jederzeit die Rollen beider Leitpferde – der führenden Leitstute und des treibenden Leithengstes – zu übernehmen.

Longieren

Longieren, ach wie schwierig! Natürlich will es gelernt werden. Aber im Prinzip ist es nichts als eine Art des Führens, nur sind Strick oder Zügel länger und heißen Longe. Sie schulen dabei Aufmerksamkeit und Gehorsam und verbessern die Elastizität der Bewegungen des Pferdes. Aber: Sie stehen weiter weg vom Pferd. Und legt der Kraftprotz so richtig los, können Sie dadurch in die Bredouille geraten. Aber die meisten Probleme entstehen, weil Ihr Pferd alles andere spannender findet als Sie. Oder wenn Ihre Hilfen – Stimme, Körpersprache und Peitschensignale – einander widersprechen und es verwirren.

Was tun, ... wenn mein Pferd nur lustlos mitarbeitet?

Symphonie tritt unwillig an, schlurft im Kreis herum und versucht ständig, nach innen zu kommen.

Die Lösung, ... das ist sie!

Hallo, konzentrierte Mitarbeit ist gefragt! Vermitteln Sie ihr das durch klare Hilfen! Verkürzen Sie die Longe so, dass Sie selbst in der Zirkelmitte auf einem kleinen Kreis mitgehen. Schnalzen Sie einmal (nicht dauernd, das stumpft ab), treten energisch an bzw. auf und lassen den Peitschenschlag in Richtung Sprunggelenke wippen. Bleiben Sie in der treibenden Position etwas hinter Symphonies Körpermitte und schnalzen Sie nur, wenn sie ihr Tempo verlangsamt. Versucht sie nach innen zu kommen, treiben Sie sie sofort mit der Peitsche in Richtung Schulter auf den Zirkelhufschlag zurück.

Was tun, ... wenn mein Pferd sich leicht ablenken lässt?

Buddy ist mehr an anderen Reitern und Kindern außerhalb des Zirkels interessiert und lässt sich von ihnen zu Tempo- und Gangartenwechseln verleiten.

Die Lösung, ... das ist sie!

Ziehen Sie Buddys Aufmerksamkeit auf sich: durch häufige Wechsel zwischen Anhalten und Wiederantreten, Gangartenwechsel und – falls Sie versiert genug sind – schnelle Handwechsel. Danach fordern Sie eine lange Trabreprise, bei der Sie auf gleichmäßiges Tempo und Taktreinheit achten und Fehler sofort korrigieren. So merkt er, dass in der Zirkelmitte die Musik spielt.

Wenn mein Pferd unkontrollierbar wird, was tun...?

Lolla rast häufig auf der Zirkellinie herum und bockt wie wild.

...das ist die Lösung!

Ihre Kleine leidet wohl unter Bewegungsmangel und bekommt zu viel Kraftfutter! Versuchen Sie nicht, Ihre Temperamentsausbrüche zu bremsen. Den Kampf würden Sie verlieren und Lolla in ihrer Dominanz bestärken. Bandagen und eventuell ein (umstrittener) Beschlag mit Stollen reduzieren die Sturz- und Verletzungsgefahr. Lassen Sie Lolla kommentarlos rennen und bocken. Akzeptieren Sie, wenn sie zum Trab wechselt (das mindert das Sturzrisiko). Aber nun *muss* sie wirklich lange traben und darf nicht in Schritt fallen. Nehmen Sie keinen Handwechsel vor. Wenn sie vollständig die Spannung abgebaut hat, den Hals fallen lässt und abschnaubt, lassen Sie sie noch zwei Runden traben, halten sie an und lassen sie lange still stehen. So lernt sie, dass ruhige Mitarbeit belohnt wird. Danach sollte sie auf der anderen Hand Schritt gehen, um Temperatur und Atmung zu normalisieren.

Was tun, ... wenn mein Pferd widersetzlich wird?

Sunshine hat mich schon oft durch die Halle geschleift. Oder er kommt auf mich zu, um mich anzusteigen.

Die Lösung, ... das ist sie!

Ihr »Sonnenschein« hat keinerlei Respekt vor Ihnen. Bevor Sie ihn noch einmal longieren, halten Sie ihn erst mal auf »Anstandsdistanz«, verzichten aufs Schmusen und entscheiden beim intensiven Führ- und Stillstehtraining die Rangfolge für sich. Benutzen Sie dazu allmählich die kürzer als normal gefasste Longe, damit er lernt, Sie in allen Positionen zu akzeptieren. In der verwahrenden Position treten Sie schräg vorn mit erhobener Peitsche auf ihn zu; in der treibenden Position gehen Sie schräg hinter ihm auf Kruppenhöhe, die Peitsche weist auf die Sprunggelenke. Zur Sicherheit bitten Sie zwei Helfer hinzu. Einer führt Sunshine an einem

zweiten Führzügel an der *äußeren* Körperseite, der zweite geht hinterher und treibt notfalls nach. Verlängern Sie bei diesen Übungen nach und
nach die Longe. Klappt die Zirkelarbeit so im Schritt, lassen Sie ihn lange
traben. Der außen gehende Helfer braucht dafür gute Kondition und
Schrittlänge! Ein eingefriedeter Zirkel erleichtert das Training ohne Helfer, denn er gibt die Kreislinie vor und verhindert das Ausbrechen nach
außen. Treten Sie jedem Versuch, nach innen zu kommen, aufrecht mit
erhobener Peitsche energisch entgegen. Reagieren Sie blitzschnell und
manövrieren Sie sich immer in die treibende Position, bitte mit Sicher-
heitsabstand. So können Sie ihn, sobald er aggressiv zu werden droht,
schnell wenden und wieder vorwärts treiben. Übrigens würde Sunshine
die Arbeit an der Doppellonge gut tun, die Gehorsamsschulung mit Gym-
nastizierung verbindet. Darauf sollten Sie sich in einem Lehrgang vorbereiten und Ihr Pferd von einem Fachmann anlongieren lassen.

Kleine Führübungen mit einem langen Seil können Sie bereits mit Fohlen machen, denn instinktiv reagieren sie auf Ihr
Treiben aus der Leithengstposition heraus richtig. Das Jungpferd darf Sie am langen Führstrick als Handpferd auf kurzen
Ausritten begleiten und entwickelt so neben Gehorsam schon
Geländeroutine. Auch dem Bewegungsapparat des Zweijähri-
gen schadet fünf- bis zehnminütiges Longieren am Halfter mit entspre-
chendem Handwechsel zwei Mal pro Woche nichts. Es baut Gehorsam
auf und schult die Konzentrationsfähigkeit.

Freiarbeit

Rein in die Bahn, Peitsche hoch ... und ab geht die Pferdepost? Falsch!
Wer das Freilaufen so missversteht und es womöglich mit unaufge-
wärmtem Pferd praktiziert, schadet seinem Bewegungsapparat mehr als
dass er ihm Gutes tut. Nützlich ist Freiarbeit nur, wenn *Sie* über Richtung,

Gangart und Tempo entscheiden. Probleme entstehen, wenn sich Ihr Pferd auf einem zu großen Platz Ihrer Einwirkung entzieht. Oder wenn Sie nicht wissen, was Sie mit Ihrem Körper anfangen müssen, um Signale zu senden, die Ihr Pferd versteht und mit denen Sie es kontrollieren.

Was tun, ... wenn mein Pferd wild durch die Reitbahn rast?

Sobald ich Samira los lasse, schießt sie davon, stoppt in den Ecken und schlägt Haken wie ein Hase. Ein paar Mal hat sie hinterher gelahmt!

Die Lösung, ... das ist sie!

Endlich kann Samira ihren Bewegungshunger stillen. Sie vergisst sie dabei vollkommen. Aber Muskeln, Sehnen und Bänder müssten mindestens 10 Minuten im Schritt und 5 Minuten im ruhigen Trab gelockert werden, um keine Verletzungen zu riskieren! Bandagieren Sie ihre Beine und führen Sie Samira erst etwas spazieren, am besten durch die Reitanlage, wo Sie sie gut kontrollieren können. Trainieren Sie ihren Gehorsam durch

Führübungen, damit sie sich diszipliniert verhält, auch wenn sie rennen möchte. Teilen Sie die Reitbahn in der Mitte durch ein Elektrobreitband, damit sie auf einem Zirkel läuft und wenigstens keine Haken schlägt. Wie Sie sie treiben und anhalten, lesen Sie unter »Longieren« nach.

Wenn mein Pferd nach mir auskeilt, was tun ...?

Vasco ist sehr aggressiv. Entweder keilt er nach mir aus, sobald ich den Führstrick ausklinke oder er kommt wie eine Dampfwalze auf mich zu!

... das ist die Lösung!

Vasco sonnt sich in seiner Rolle als Boss und testet aus, was Sie sich wohl noch alles gefallen lassen. Frei laufen darf er so lange nicht mehr, bis Sie sich durch souveränes Verhalten beim Führen und Stillstehen und später an der Longe die Leittierposition erobert haben. Möchten Sie ihn wieder frei laufen lassen, drehen Sie ihn zu sich herum und lassen ihn still stehen, bis Sie in der Mitte der Bahn Ihre Position eingenommen haben. Dann erst darf er im Schritt antreten.

Machen Sie sich mal Gedanken, ...

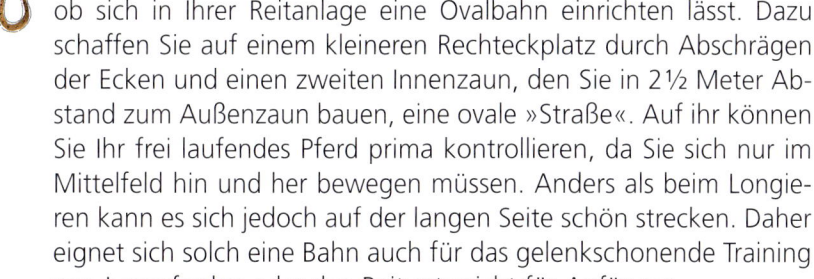

ob sich in Ihrer Reitanlage eine Ovalbahn einrichten lässt. Dazu schaffen Sie auf einem kleineren Rechteckplatz durch Abschrägen der Ecken und einen zweiten Innenzaun, den Sie in 2½ Meter Abstand zum Außenzaun bauen, eine ovale »Straße«. Auf ihr können Sie Ihr frei laufendes Pferd prima kontrollieren, da Sie sich nur im Mittelfeld hin und her bewegen müssen. Anders als beim Longieren kann es sich jedoch auf der langen Seite schön strecken. Daher eignet sich solch eine Bahn auch für das gelenkschonende Training von Jungpferden oder den Reitunterricht für Anfänger.

Im Paddock und
auf der Weide

Die »endlose Freiheit« . . . nein, die kann auch die schönste Weide oder der größte Paddock nicht ersetzen. Aber beide ermöglichen eine artfreundliche Lebensweise. Vorausgesetzt, sie sind sicher eingefriedet und bieten Raum zum Ausweichen, trockene Liegeflächen und Schutz vor zu viel Nässe und Sonne. Hier kann sich Ihr Pferd frei bewegen, spielen, rangeln, sich wälzen, Kopf an Schweif dösen, schlafen, grasen oder Raufutter mümmeln – kurz: sich als Pferd unter Pferden fühlen. Was will es mehr?! Nun, *Sie* wollen mehr. Und für das, was Sie tatendurstig unternehmen möchten, müssen Sie Ihr Pferd aus seiner Herde herausholen. Manchmal findet es das lästig und zeigt Ihnen deutlich, dass Sie auf seiner Seite des Weidezauns überhaupt nichts zu sagen haben. Dann haben Sie ein Problem, das entweder Ihre Kondition fordert (»Irgendwann krieg' ich dich . . .«) oder Sie zum Peitschenarsenal (»Verschwindet Ihr wohl vom Weidetor . . .«) greifen lässt. Vielleicht bereitet Ihnen das Herdenleben aber auch ganz andere Sorgen: Was, wenn Ihr Vierbeiner sich als Haudegen entpuppt und seine Artgenossen reihenweise reif für die Tierklinik prügelt? Oder aber als Underdog, von den anderen verjagt und geächtet, traurig in der hintersten Ecke schmachtet? Lösungen gibt's zwar für jedes Problem, aber gelegentlich erfordern Sie auch von Ihrem Stallvermieter die Bereitschaft, mit- oder umzudenken. Zeigt er die nicht, müss(t)en Sie sich einen neuen Stall suchen.

Mensch und Pferd

Ihr Pferd darf den ganzen Tag in seiner Herde verbringen? Wunderbar! Doch ganz gleich, welche Position es sich hier errungen hat: Sie müssen im Rang stets noch über dem Leitpferd seiner Pferdefamilie stehen. Benimmt Ihr Pferd sich in Ihrem Beisein auf eine Weise, die Sie ärgert oder in Gefahr bringt, mangelt es ihm entweder am nötigen Respekt oder an der Lust, mit Ihnen zusammenzuarbeiten.

Was tun, ... wenn mein Pferd auf dem Weg zur Weide zu heftig ist?

Florett kann es kaum erwarten, wieder in ihrer Herde zu sein. Sie zerrt am Strick, zappelt am Weidetor und lässt sich kaum das Halfter abnehmen!

Die Lösung, ... das ist sie!

Ein wenig Vorfreude dürfen Sie ihr zugestehen, aber Ungezogenheit keinesfalls durchgehen lassen. Verbessern Sie Floretts Gehorsam durch Führ- und Stillstehübungen. Schimpfen Sie auf dem Weg zur Weide nicht, ignorieren Sie ihre Trippelei, aber setzen Sie durch, dass sie Abstand hält und Sie keinesfalls überholt. Könnten Sie hinterm Weidetor eine Schleuse aus Federstäben und Elektroband bauen? Hier können Sie Florett in Ruhe das Halfter ausziehen und sie gefahrlos in die Herde lassen. Eine solche Schleuse verhindert auch, dass andere Pferde nachdrängen, wenn Sie sie von der Weide holen.

Wenn mein Pferd nach mir auskeilt,   was tun ...?

Sobald ich Yellow das Halfter ausgezogen habe, rast er davon und keilt nach allen Seiten aus . . . gestern hätte er mich beinah getroffen!

... das ist   die Lösung!

Yellow mag zwar versuchen, sich seine Artgenossen so vom Leibe zu halten, aber nach Ihnen darf er niemals auskicken! Treten Sie fester auf und wenden Sie ihn, wann immer Sie mit ihm das Stillstehen üben (ja, das ist nun mal *die* Übung, die wie keine andere die Rangfolge klärt) mit dem Kopf zu sich. Lehren Sie ihn, überall geduldig zu verharren, bis Sie ihm erlauben, sich zu bewegen (»Nun geh' schön!«). Beherrscht er die Übung, wird er auch am Weidetor gehorsam warten, bis Sie ihn in seine Herde entlassen.

Wenn mein Pferd sich nicht einfangen lässt,   was tun ...?

Jeden Tag muss ich hinter Sammy herlaufen. Auch im Großpaddock versteckt er sich zwischen seinen Freunden und weicht mir aus.

... das ist   die Lösung!

Einfang-Aktionen sind lästig und nicht ungefährlich. Sie machen Sie zornig, was sich wiederum in Ihrem Verhalten spiegelt, so dass es nächstes Mal noch weniger gut klappt. Versuchen Sie es nicht mit Leckerbissen, da Futterneid zu Keilereien führt. Auf einer kleinen Weide treiben Sie Sammy ohne Hast in eine Ecke und treten von der Seite auf ihn zu. So fühlt er sich weder getrieben noch gebremst. Neigt er dazu, in letzter Sekunde auszubrechen, gehen Sie besser mit ausgebreiteten Armen schräg von vorn auf ihn zu. Achten Sie auf sein Ohrenspiel. Zeigen beide Ohren in Ihre Richtung, ist er noch unschlüssig. Dreht er ein Ohr zur Seite, will

er nach dieser Seite hin ausbrechen. Beugen Sie dem durch eine Dreh-
bewegung vor. Auf größeren Weiden treiben Sie gleich mehrere Pferde
zum Tor; er wird kaum allein zurück bleiben wollen! Nach jeder gelun-
genen Einfangaktion belohnen Sie ihn am Stall sofort mit Kraftfutter.
Noch wirkungsvoller: Sie binden ihn mehrere Male außen am Weidezaun
an, putzen und füttern ihn und bringen ihn nach wenigen Minuten zurück. So verbindet er das Einfangen mit einer positiven Erfahrung.

Was tun, ... wenn mich andere Pferde bedrängen?

Einfangprobleme habe ich nicht – im Gegenteil: Lanzelots Herdengenos-
sen drängeln sich so an mich, dass ich nicht weiß, wie ich ihn durchs Tor
bugsieren soll!

Die Lösung, ... das ist sie!

»Verlängern« Sie Ihren Arm durch die Longierpeitsche. Die Sprache Ihres
Körpers ist Ihr wichtigstes Ausdrucksmittel, um aufdringliche Pferde auf
Distanz zu halten. Rufen Sie Ihren tapferen Ritter schon am Tor zu sich.
Signalisieren Sie den anderen mit erhobenem Zeigefinger »Vorsicht!«.
Ziehen Sie Lanzelot das Halfter an
und halten die Herde mit
schlängelnden Peitschen-
bewegungen auf Ab-
stand, während Sie
ihn durchs Tor füh-
ren. Er selbst darf
natürlich keine
Angst vor der
Gerte haben.
Auch in Ihrem
Fall ist eine
Schleuse hilfreich.

Machen Sie sich mal Gedanken, …

 ob Ihr Pferd Grund hat, sich auf Sie zu freuen. Mag es nämlich Sie und das, was Sie mit ihm tun, lässt es die saftigsten Gräser und liebsten Kumpel stehen! Radikal, aber wirkungsvoll: Sie halten es zwei bis vier Wochen im großen Einzelstall, beschäftigen sich abwechslungsreich vom Boden aus mit ihm und führen es oft grasen. Die wenigen Stallwochen schaden nichts, wenn Sie dadurch Ihr Verhältnis zu ihm so verbessern, dass es mit Ihrem Kommen positive Erlebnisse verbindet.

Pferd und Pferd

Sobald sich das Tor hinter Ihnen schließt, muss Ihr Pferd allein zurechtkommen. Wie Ihr Kurzer im Kindergarten. Auch wenn Ihr Herz blutet: Wie es sich in der Herde verhält, ob es ängstlich oder aggressiv ist, können Sie nicht beeinflussen. Es ist eine Frage seines Charakters. Auch ein gewisses Verletzungsrisiko besteht daher immer. Ist Ihr Stallvermieter ein Horseman, achtet er darauf, es durch eine feinfühlige Zusammensetzung der Pferdegruppen zu reduzieren.

Wenn mein Pferd Raufereien anzettelt, was tun…?

Big Boy ist schon als Raufbold verschrien. Er zankt nicht nur häufig, sondern attackiert auch Pferdebesitzer, die ihre Tiere von der Weide holen.

… das ist die Lösung!

Ihr Großer spielt sich als Boss auf (auch wenn er vermutlich vorm Leitpferd kuscht, um nach unten hin um so mehr auszuteilen) und zwar auch Menschen gegenüber. Raten Sie Ihren Reiterfreunden, ihn energisch mit

einer Gerte oder Peitsche auf Abstand zu halten. Ein wenig besänftigen ihn lange Ausritte im Trab. Wegen der Verletzungsgefahr darf er keine Eisen mit Stollen tragen. Weidegang allein mit nur einem ranghohen Wallach oder einer Altstute kann sich positiv auswirken. Hilft das nichts, bauen Sie ihm auf der Weide eine eigene Parzelle. Dann fühlt er sich nicht ausgegrenzt, kann aber niemanden drangsalieren.

Was tun, ... wenn mein Pferd keinen Freund findet?

Susi steht in der Stutenherde immer allein. Sie wird zwar nie gebissen, aber alle weisen sie mit Drohgebärden zurück.

Die Lösung, ... das ist sie!

Sympathie und Antipathie sind Emotionen, die uns Rätsel aufgeben und Susi mag zum Außenseiter geboren sein. Vielleicht ist es eine Zeitfrage, bis sie eine Freundin findet. Was helfen kann: Stellen Sie sie eine Weile nur mit der Leitstute auf eine Extraweide. Mangels Gesellschaft wird die sie schnell in ihrer Nähe dulden. Als Freundin der Chefin hat sie es in der Herde leichter. Leidet sie so, dass sie abmagert, ist sie in einer anderen Gruppe oder in einem Einzelpaddock besser aufgehoben.

Was tun, ... wenn mein Pferd nie in den Offenstall darf?

Mein Reitpony Biene friert bei Regen. Aber meist blockieren die ranghöheren Isländer und Fjordpferde den Stalleingang, so dass sie zitternd in der Nässe stehen muss.

... das ist   die Lösung!

Ein leider häufiges Problem, weil Weideunterstände oft zu klein sind. Bei einem großen Offenstall mit mehreren Eingängen hätte sie bessere Karten. Hinzu kommt, dass Nordlandpferdetypen unempfindlicher sind als Biene mit ihrem orientalischen Blut. Sie würde vermutlich eher fröstelnd bei den Robusten ausharren als allein den Stall aufsuchen. Kaufen Sie Ihr eine Weidedecke für nasskaltes Wetter.

Vielen Problemen können Sie vorbeugen, indem Sie Weide- und Stallhaltung geschickt kombinieren. So übt Ihr Youngster sowohl ein gesundes Herdenverhalten als auch Gehorsam dem Menschen gegenüber ein. In Deutschland hat die geschlechts- und altersspezifische Aufzucht von Jungpferden Tradition. Doch in anderen Ländern dürfen die Youngsters zusammen mit Altpferden weiden. Tiere aus solch gemischten Gruppen sind meist verträglicher, anpassungsfähiger und leichter anzureiten.

Machen Sie sich mal Gedanken, ...

ob sich hinter einem Verhaltensproblem nicht auch eine gesundheitliche Störung verstecken könnte. Pferde, die sich auffallend leicht unterordnen oder oft am Tor stehen, leiden manchmal unter unerkannten Schmerzen, die ihnen bestimmte Bewegungen erschweren. Da ihnen das Fliehen schwer fällt, fühlen sich im Stall wohler. Auch Tiere, die Sie selten beim Schlafen beobachten, sind oft nicht ängstlich, sondern wissen aus Erfahrung, dass sie nur mühsam wieder auf die Beine kommen, wenn sie sich hinlegen.

Beim Reiten

Reiten macht Spaß! Ihnen vielleicht. Oder hoffentlich … Zum Lebens-
glück Ihres Pferdes gehört ein Mensch auf seinem Rücken keinesfalls. Es
duldet Sie vielmehr in dieser Position, die es als Fluchttier instinktiv mit Gefahr verbindet. Ein Raubtier würde auch versuchen, auf seinen Rücken zu
gelangen, um es zu Boden zu zwingen. Das klingt dramatisch. Aber vielleicht wird Ihnen dadurch klar, dass manches Reitproblem entsteht, weil
Ihr Verhalten im Sattel uralte Überlebensängste wachruft. Oder weil Ihr
Pferd auf irgendetwas in seinem Umfeld reagiert und dabei nicht im min-
desten berücksichtigt, dass »Sie da oben« in eine äußerst prekäre Situation geraten. In dem Moment, in dem Sie aufs Pferd klettern, liefern Sie
sich ihm aus. Also müssen Sie zumindest seine Beine unter Ihre Kontrolle
bekommen, denn die könnten sonst in eine andere als die von Ihnen gewünschte Richtung laufen. Noch dazu schneller als geplant. Gutes Reiten
bedeutet eine solche Kontrolle. Netter gesagt: eine sanfte Beeinflussung,
die das Pferd nicht als Zwang, sondern als angenehm empfindet, weil es
sich dabei bewegen darf. Übrigens lernt man gutes Reiten aus keinem
Buch der Welt. Auch nicht aus diesem. Es will praktisch geübt werden,
und zwar ein Leben lang. Genau aus diesem Grund werden Sie hier nichts
über »Sterngucker« oder »Pferde mit Schokoladenseite« oder so lesen.
Das sind Reit- und Reitausbildungsfehler, bei denen Ihnen nur Ihr Reitlehrer weiterhelfen kann. Aber es gibt ja genug andere Ärgernisse, über die
man klagen kann … auch wenn Sie dabei eher sich selbst unter die Lupe
nehmen sollten, als über Ihren vierbeinigen Freund zu schimpfen.

Was überall vorkommen kann

Zappelei beim Aufsitzen, extremes Scheuen, Bocken oder Steigen …
alles, milde ausgedrückt, recht unangenehm. Und es kann in der Reitbahn
ebenso wie im Gelände auftreten, obwohl hier wie dort noch einige be-
sondere Herausforderungen auf Sie warten. Die meisten Probleme rühren
von Lücken in der Erziehung des Pferdes her, die sich zum Glück schließen
lassen. Sie müssen nur bereit sein, auch unbedeutend erscheinende
Übungen nachzuholen oder Umwege zum Ziel in Kauf zu nehmen.

Was tun, … wenn mein Pferd beim Aufsitzen nicht still steht?

Kaum habe ich den Fuß in den Bügel gestellt, marschiert Karina munter vorwärts. Zum Glück kann ich mich schnell hochschwingen. Der Haflinger meiner Freundin ist zwar braver, trippelt aber auch hin und her. Liegt es daran, dass Ulla zugenommen hat?

Die Lösung,   … das ist sie!

Sie haben Karina nie klar gemacht, dass Sie – wo auch immer – warten muss, bis Sie ihr ein neues Signal geben. Mit Stillstehübungen (siehe »Bodenarbeit«) lässt sich das schnell nachholen. Ihre Freundin ist durch die Gewichtszunahme vielleicht etwas unelastisch geworden, streift mit dem rechten Fuß die Kruppe und plumpst in Josés Rücken. Beim Aufsitzen entsteht eine Hebelwirkung zwischen Pferd und Reiter. Der Hebel »verdreht« die Wirbel des Pferdes; die Sattelpolster drücken schmerzhaft gegen die Dornfortsätze. Ulla sollte künftig mit Blick nach vorn und nicht mit dem Rücken zum Pferdekopf aufsitzen. Oder von einer Aufsitzhilfe aus. Beide Varianten reduzieren die Hebelwirkung. José wird schnell lernen, auch neben einer Bank, einem Treppchen oder einer Rampe zu »parken«.

Was tun, … wenn mein Pferd sehr faul ist?

Thunder ist eine Schlafmütze und extrem triebig. Nach dem Reiten bin ich verschwitzt wie nach einem Saunabesuch.

Die Lösung,   … das ist sie!

Steckt keine Erkrankung – wie eine Herz-Kreislauf-Störung oder Arthrose – dahinter, helfen Sie Thunders Motivation durch mehr Abwechslung auf die Sprünge. Statt eine Stunde zu reiten, lösen Sie ihn bei Führübungen durch Geschicklichkeitshindernisse. Dann longieren Sie ihn mit häufigen

Wechseln zwischen Trab, Anhalten, Antreten, Antraben; reiten unterschiedliche Bahnfiguren und suchen beim Aus-reiten neue Rou-ten. Statt ihn durch Schenkel-klopfen abzu-stumpfen, ticken Sie ihn mit der Dres-surgerte spürbar an. Dann muss die Hand aber auch so-fort mitgehen, damit er nicht für sein williges Antreten mit einem Ruck im Maul bestraft wird!

Wenn mein Pferd sich leicht aufpullt, was tun …?

Blue Bell wird im Laufe der Reitstunde – sei es in der Bahn oder im Gelände – immer »heißer«. Er scheint mir buchstäblich unterm Sattel wegzurennen.

… das ist die Lösung!

Oft liegt das Aufpullen an einem zu scharfen Gebiss in zu harter Hand bei falschem Sitz. Vielleicht »schieben« Sie Blue Bell zu stark von hinten nach vorn? Oder sitzen immer leicht vor der Bewegung, so dass er schneller wird, um seinen Schwerpunkt unter Ihrem zu bringen? Was Pul-lern oft hilft: Nehmen Sie ihn als Handpferd neben einem sicheren Führ-pferd auf langen ruhigen Trabtouren ins Gelände mit. Oder reiten Sie ihn im Entlastungssitz ohne Zügelführung, während ein guter Reiter ihn als Handpferd führt. Er braucht gleichmäßige beruhigende Arbeit – sei es unterm Sattel oder an der Longe – mit wenig Gangarten- und Tempi-wechseln. Und: Regen *Sie* sich weniger auf . . .

Was tun, ... wenn mein Pferd buckelt?

Warum macht Yolanda jedes Mal beim Angaloppieren ein paar Buckler? Sie ist doch sonst ein so friedfertiges Pferd!

Die Lösung, ... das ist sie!

Abwerfen will Ihr Stütchen Sie nicht – ihre Kapriolen rühren von Über-mut und Bewegungsfreude her. Falls ihre Hüpfer Sie ängstigen, longie-ren Sie sie vor dem Reiten, damit sie abbuckeln und Verspannungen lösen kann. Galoppieren Sie erst nach einer langen Trabreprise an, wenn sie zufrieden abgeschnaubt hat. Reiten Sie im Entlastungs- oder leichten Sitz mit festem Knieschluss gut vorwärts, fassen Sie beim Angaloppieren einen Zügel kürzer als den anderen und stellen sie etwas nach innen. Die leichte Biegung und der hohe Kopf erschweren das Buckeln.

Was tun, ... wenn mein Pferd häufig scheut?

Ob das Hallentor quietscht oder eine Mülltonne klappert – warum scheut Monsieur bloß vor allem und jedem?

Die Lösung, ... das ist sie!

Bei Monsieur hapert's an der Nervenstärke! Fluchttiere haben eine niedrige Reizschwelle. Das heißt, je schneller sie auf das, was sie sehen, hören oder wittern, reagieren, desto größer ist ihre Überlebenschance. Für ein Wildpferd ist dies nützlich, ein Reitpferd bringt damit sich, seinen Reiter und andere erst recht in Gefahr. Monsieur muss lernen,

dass die Monster der Menschenwelt ihm nicht nach dem Leben trach-
ten und dass Sie als sein Leittier ihn beschützen. Lesen Sie im Kapitel
»Führen« den Absatz Anti-Scheu-Training (S. 48) nach. Dort steht, wie
Sie Ihr Pferd mit den unterschiedlichsten Scheuauslösern bekannt
machen. Zeigen Sie ihm diese Dinge nicht nur auf dem Reitplatz, sondern auch in fremder Umgebung. Am besten kommt ein Freund mit
einem gelassenen Altpferd mit, an dem sich Monsieur orientieren kann.
Und reiten Sie mit einem weichen Gebiss, damit Sie ihm bei einem
»Seitensprung« nicht ungewollt im Maul weh tun.

Wenn mein Pferd sich vor anderen fürchtet, was tun …?

Lucky marschiert brav hinter seinen Artgenossen her, aber wehe, ich
möchte mal die Tête übernehmen oder jemanden überholen! Dann
wehrt er sich heftig.

Die Lösung, ... das ist sie!

Trotz seiner Angst vor Abwehrreaktionen ranghöherer Artgenossen muss Lucky lernen, dass er Ihnen gehorchen muss. Bauen Sie zunächst über Führübungen in der Gruppe Vertrauen auf. An der Hand lernt er leichter, die anderen zu überholen und an der Spitze zu gehen. In der Reitbahn oder draußen reiten Sie paarweise und lassen Lucky immer etwas weiter vorausgehen, später auch wenden und in Gegenrichtung an den anderen vorbeiziehen. Heben Sie seine Toleranzschwelle aber behutsam an!

Was tun, ... wenn mein Pferd nur an der Tête ruhig geht?

Meine Araberstute Anka ist ein wunderbares Têtenpferd, aber sobald sie in der Mitte der Gruppe oder hinten gehen soll, regt sie sich so auf, dass sie binnen kurzem schweißnass ist!

Die Lösung, ... das ist sie!

Vielen Pferden ist dieser extreme Ehrgeiz angeboren. Aus Sicherheitsgründen hat allerdings die Ruhe in der Gruppe Priorität. Denn steigert sich Ankas Hektik zur Panik, kann sie andere anstecken und einen Unfall verursachen. Wie bei Lucky versuchen Sie über Bodenarbeit, sie an verschiedene Positionen in einer Gruppe zu gewöhnen. In der Reitbahn (besser auf einer Ovalbahn) kann sie lernen, als Handpferd zu laufen und ihr Tempo dem Führpferd anzupassen. Klappt dies, geht sie als Handpferd auf den Ausritt mit, wobei Sie auf dem Führpferd mal vorn, mal in der Mitte, mal hinten reiten. Oder ein Teil der Gruppe reitet, ein Teil führt die Pferde und wechselt dabei laufend die Positionen. Das Training kann sehr langwierig sein und setzt rücksichtsvolle Helfer voraus. Aber nur allmähliche Gewöhnung hat Aussicht auf dauerhaften Erfolg!

Wenn mein Pferd widersetzlich ist, was tun ...?

Ich habe Molly vorm Schlachthof gerettet und möchte ihr gern ein schönes Leben bieten. Im Umgang ist sie lieb, aber beim Reiten widersetzt sie sich bei jeder Gelegenheit. Sie bockt häufig und so heftig, dass ich schon ein paar Mal gestürzt bin. Passt ihr etwas nicht, steigt sie kerzengerade. Als mein Reitlehrer versuchte, sie zu reiten und sie mit der Gerte bestrafte, hat sie sich mit ihm in einen Graben geworfen.

... das ist die Lösung!

Was Molly früher erlebt hat, werden Sie kaum herausfinden. Auf jeden Fall will sie sich bestimmten Aufgaben entziehen und wehrt sich erfolgreich durch Steigen und Bocken. Steigen kann Molly nur aus dem Stand heraus und sowohl Steigen als auch Bocken fällt in einer Biegestellung schwer. Falls Sie sie weiter reiten, geben Sie ihr eine leichte Innenstellung, treiben sie gut vorwärts und halten Kontakt zum Maul. So können Sie notfalls entweder sofort eine »Mühle« (Kreiseln in enger Volte) einleiten oder ihren Kopf heben, um ihr das Bocken zu erschweren. Besser wäre aber, Sie lassen Molly gründlich untersuchen, um körperliche Erkrankungen auszuschließen. Dann fangen Sie mit Bodenarbeit bei Stunde Null an (Stillstehen, Führübungen), um über konsequent eingeforderten Respekt ihr Vertrauen zu gewinnen und sie zur Mitarbeit zu motivieren. Wie bei verhaltens-

gestörten Kindern gelingt dies durch spielerisches Lernen mit viel Lob. Statt zu reiten arbeiten Sie sie gewichtlos an Longe und Doppellonge. Das schult neben dem Gehorsam auch die Elastizität, an der es widersetzlichen Pferden häufig mangelt. Vermeiden Sie Kämpfe, aber wenn Sie etwas fordern, was Molly sicher beherrscht, dann müssen Sie auf Ausführung bestehen! Longieren (und später auch Reiten) in Dehnungshaltung mit langen Ausbindern in ruhigem Trab tun ihr gut und bauen Verspannungen ab. Möchten Sie Molly von einem Experten korrigieren lassen, kalkulieren Sie mindestens drei bis sechs Monate ein. Und schauen Sie sich den Ausbilder und seine Methode gut an! Ihr Pferd sollte behutsam therapiert und nicht im Hauruck-Verfahren »zurechtgebogen« werden!

Was tun, … wenn mein Pferd in der Reithalle Angst hat?

Cinderella ist ein gutes Geländepferd, verspannt sich aber bei der Hallenarbeit. Sie zuckt bei jedem Geräusch zusammen, scheut vor Lichtreflexen auf dem Boden und lässt sich sofort anstecken, wenn andere Pferde unruhig sind.

Die Lösung, … das ist sie!

Das eine Pferd fühlt sich in der Überschaubarkeit der Halle sicher. Das andere zieht das offene Land vor und baut durch das Gefühl des Eingesperrtseins Spannung auf. Diese entlädt sich in häufigem Scheuen und Ansätzen zu Flucht- und Wehrverhalten (Durchgehen oder Bocken), sobald auch ein anderes Pferd ein außergewöhnliches Verhalten (»Alarm!«) zeigt. Bauen Sie vor der Hallenarbeit Spannung und Bewegungshunger durch einen kleinen Ausritt oder Longieren auf dem Außenplatz ab. In der Halle reiten Sie dann aber energisch vorwärts. Lenken Sie Cinderella durch abwechslungsreiche Übungen ab, ohne zu versuchen, sie ständig zu beruhigen. Nur so lernt sie, dass, wenn sie gehorcht, nichts Schlimmes passiert.

Wenn mein Pferd Gespenster sieht, was tun ...?

Unser Außenplatz grenzt an eine Hecke, hinter der Goldy vor allem in der Dämmerung Gefahren vermutet! Entweder lugt sie ins Geäst oder will gar nicht erst vorbeigehen.

... das ist die Lösung!

Ihr Erbgut als Steppenbewohnerin warnt Goldy vor dem Hinterhalt, in dem sich in der Wildnis Raubtiere verstecken könnten. Doch Goldy muss lernen darauf zu vertrauen, dass Sie sie beschützen und Ihnen daher gehorchen. Erleichtern Sie ihr die Gewöhnung, indem Sie ein weniger ängstliches Pferd vorausgehen lassen. Erlauben Sie ihr an dieser Stelle aber keine Mätzchen, sondern treiben sie konsequent vorwärts und lenken sie durch Hufschlagfiguren, Gangarten- oder Tempiwechsel ab.

Wenn mein Pferd nicht gern springt, was tun ...?

Baron ist mir als vielseitig einsetzbares Pferd verkauft worden. Auf dem Dressurviereck und im Gelände geht er sehr angenehm. Aber im Parcours pullt er sich vor Angst auf und verweigert auch häufig!

Die Lösung,   ... das ist sie!

In der Wildnis umwandern Pferde Hindernisse, statt sie zu überspringen, da sie nicht sehen können, was sich dahinter befindet. Ihr Körper ist der eines Lauftieres, dem die »Stoßdämpfer« fehlen, den beispielsweise Raubkatzen besitzen. Daher baut seriöser Springsport auf Vertrauen und schrittweisem Training vom Leichten zum Schweren auf. Der Bewegungsapparat des Pferdes muss sich an die neue Aufgabe gewöhnen und es muss lernen, dass ihm nichts Böses geschieht, wenn es unserer Aufforderung folgt und »ins Ungewisse« springt. Vermutlich wurden in Barons Springausbildung wichtige Schritte ausgelassen oder er verknüpft eine schmerzhafte Erinnerung mit dem Springen. Kehren Sie unter Anleitung eines einfühlsamen Reitlehrers an den Anfang zurück und bauen Sie Ihren Wallach mit Cavaletti-Übungen an der Longe und vorsichtiger Springgymnastik wieder auf, ehe Sie ans Parcoursspringen denken.

Machen Sie sich mal Gedanken ...

über die Art und Weise, wie Sie Ihrem Pferd die Arbeitsfreude erhalten. Meist möchte es ja gern arbeiten, verliert aber irgendwann die Lust, vielleicht weil sein Reitalltag ein ewiges Einerlei ist. Oder weil Sie ihm voller Ungeduld Lektionen abfordern, die es überhaupt noch nicht begreift und daher auch nicht ausführen kann, ganz gleich, wie lange und wie verbissen Sie es zwiebeln! Vergessen Sie nie, dass Ihr Pferd so etwas wie ein kleines Kind ist. Erst muss es einmal spielerisch das Kleine Einmaleins lernen und sicher beherrschen, ehe Sie es mit Aufgaben aus dem Großen Einmaleins überfallen. Das eine lernt schnell und leicht, das andere tut sich schwerer. Ehe Sie versuchen, Ihr Pferd zu trainieren, schulen Sie zuerst Ihr Feingefühl, damit Sie erkennen, wie, wann und wie lange Ihr Pferd Freude an der Arbeit hat. Und beenden Sie die jeweilige Übungseinheit schon dann, so lange es noch Spaß daran hat.

Im Gelände

Wiesen, Wälder, Bäche, Seen … für Ihr Pferd sollte die freie Landschaft doch die natürlichste Sache der Welt sein, nicht wahr? Auf jeden Fall ein Umfeld, in dem es sich tausend Mal wohler fühlt als in der engen Reitbahn! Ja klar, wenn da nicht auch der Mensch wäre … Manchmal (nein, oft genug) sperrt er es so lange in einer düsteren Box ein, dass die Natur zu einem Fremdkörper in seinem Leben geworden ist, vor der es glaubt, Angst haben zu müssen. Oder er hilft ihm nicht ausreichend, sich an all die Gegebenheiten zu gewöhnen, die uns heute draußen »in freier Wildbahn« begegnen.

Probleme draußen

Während die Monster der Menschenwelt dem darauf vorbereiteten Pferd nicht einmal mehr ein Ohrzucken ablocken, bangt sein Artgenosse, der bislang nichts als Putzplatz und Reithalle kannte, schon beim Anblick eines Briefkastens um sein Leben. Ist es da nicht natürlich, dass so manches Pferd draußen lieber seinem Fluchtinstinkt als seinem Reiter vertraut? Dass es auf immer der gleichen Runde in immer demselben Tempo abstumpft und »sauer« reagiert, wenn sein Reiter plötzlich an der ach so schönen Galoppstrecke Schritt fordert? Dass es geradezu in Panik gerät, wenn etwas auftaucht, das so fürchterlich aussieht und riecht … wie normale Hausschweine etwa? Dass es in einer Pfütze einen endlos tiefen Abrund vermutet, weil es bislang nur den weichen Hallenboden kannte? Falls Sie schon jetzt eines der Probleme wiedererkennen – keine Bange: Auch Sie können jederzeit das Steuer herumreißen und es anders, besser und pferdegerechter machen.

Wenn mein Pferd nicht vom Stall weg will, was tun …?

In der Gruppe gibt es mit Walker keine Probleme. Doch sobald ich ihn allein vom Stall wegreiten will, zittert er vor Angst, macht kehrt und rast zurück!

Die Lösung,   ... das ist sie!

Das Zittern gibt zu denken. Während bloße Widersetzlichkeit (die Sie nicht dulden müssen) ein Zeichen von Ungehorsam wäre, beweist es, dass Walker ein Kleber ist. Er möchte seine Artgenossen nicht verlassen, muss also schnellstens auch Vertrauen in Sie entwickeln, am besten durch Bodenarbeit und Reitübungen in Sichtweite anderer Pferde. Spaziergänge machen Sie ihm schmackhaft, indem Sie draußen Futtereimer platzieren. Hilfreich sind Rundgänge oder kleine Ritte von Weide zu Weide, bei denen ein paar Leute mitgehen. Allein beginnen Sie mit Minispaziergängen um den Stall. Bleiben Sie häufig stehen und füttern ihn, um einem Zurückstürmen vorzubeugen. Das gleiche wiederholen Sie mit Sattel und reiten zurück. Allmählich sitzen Sie immer ein paar Schritte vor dem Umkehrpunkt auf, reiten ein Stück fort vom Stall und dann zurück. Sehr wirkungsvoll ist das Fahren vom Boden im Gelände. Es fördert nicht nur den Gehorsam, sondern auch Walkers Selbstvertrauen!

Was tun, ... wenn mein Pferd an der Galoppstrecke losrast?

Da ich täglich ausreite und oft galoppiere, hat Melora genügend Bewegung. Warum kann ich sie dann auf den Galoppstrecken kaum halten?

... *das ist   die Lösung!*

Das Wort Galoppstrecke beweist's: Sie gliedern Ihre Routen aufgrund der Wegequalität in Schritt-, Trab- und Galoppstrecken auf. Als Gewohnheitstiere merken sich Pferde solche Stereotypien schnell. Durch die häufigen Galoppaden besitzt Melora eine gute Kondition, das Rennen macht ihr Spaß. Und dass sie ihren Kopf durchsetzen kann, erlebt sie täglich. Durchbrechen Sie die Routine! Durch Doppellongenarbeit verbessern Sie Meloras Gehorsam und ihre Durchlässigkeit gegenüber verwahrenden Hilfen. Fahren Sie sie mit einem Helfer, der sie an einer Extralonge führt, vom Boden im Schritt durchs Gelände, auch über die »Rennstrecken«. Halten Sie sie hier häufig an und lassen sie stillstehen. So lernt sie, dass hier nicht nur Galopp gilt. In Ihre Reitrouten bauen Sie Umwege ein, kehren häufig grundlos um und zwingen sich mindestens sechs Wochen lang zu Schritt. Dann erst langsam wieder mit Trab beginnen. Mogeln Sie sich über Seitenpfade auf die Galoppstrecke, ohne hier jedoch zu galoppieren. Disziplin zahlt sich aus!

Wenn mein Pferd Haken schlägt,   was tun...?

Die Bauern hier sind nett und erlauben uns, über brachliegende Wiesen zu galoppieren. Doch querfeldein bockt Maurice und schlägt Haken!

... *das ist   die Lösung!*

Sorry, aber für verantwortungsbewusste Reiter sind Querfeldein-Galoppaden ein Risiko. Auf Wiesen und Äckern lauern Sturzauslöser in Form von Steinen, Furchen und Kaninchenlöchern. Und dass die »große weite Welt« das Wildpferd in Maurice weckt, das auf der Flucht Haken schlägt oder nach einem Verfolger auskeilt, dürfen Sie ihm nicht verübeln. Da hilft nur: Schön diszipliniert am Rand reiten. Oder soll Ihr Pferd sich die Beine und Sie sich das Genick brechen?

Was tun, ... wenn mein Pferd in der Gruppe schwer zu kontrollieren ist?

Fernando lässt sich beim gemeinsamen Ausritt nur mühsam handhaben. Ebenso, wenn wir allein unterwegs sind und anderen Reitern begegnen. Dabei mangelt es ihm nicht an Durchlässigkeit, denn im Dressurviereck ist er Spitze!

Die Lösung, ... das ist sie!

Fernando fehlt die Gruppenerfahrung. Ermöglichen Sie ihm täglich Auslauf erst mit einem, später mehreren Pferden. Das baut seine Angst vor Artgenossen ab. Dann gewöhnen Sie ihn in der Bahn an das Reiten zu mehreren in einer Reihe, wobei alle ihr Schrittmaß und Tempo aufeinander abstimmen. Zunächst gehen Sie nur mit einem Mitreiter ins Gelände und beginnen mit Minirunden um die Reitanlage. Danach machen Sie kurze Ausritte zu dritt oder zu viert (meiden aber zur Sicherheit größere Gruppen), wobei er übt, mal vorn, mal hinten zu gehen. Sitzen Sie alle

häufig ab, machen eine Pause, lassen die Pferde grasen und reiten oder führen dann heim. So erfährt Fernando, dass gemeinsame Ausritte eine angenehme Entspannung bedeuten. Leider setzt dieses Training rücksichtsvolle Mitreiter voraus und die lassen sich nicht überall finden!

Wenn mein Pferd unterwegs »ausrastet«, was tun ...?

In unserem Reitbetrieb ist ein schwerer Unfall passiert. Ein Junge konnte sein Pony nicht mehr halten, stürzte und das davonrasende Pferd lief in ein Auto. Jetzt steckt uns der Schreck tief in den Gliedern!

... das ist die Lösung!

Dazu haben Sie allen Grund. Denn ist der »Panikknopf« einmal angeknipst, ist kaum ein Pferd mehr zu stoppen. In der Wildnis rettet das oft sein Leben, weil es letzte Kraftreserven mobilisiert. Rast Ihr Pferd auf eine Gefahrenstelle zu, können Sie nur noch eines tun: sich selbst retten, seitlich vom Pferd gleiten und hoffen, glimpflich davonzukommen. Und

da Gebete, das Pferd möge keinen Unfall verursachen, nicht immer er-hört werden, gibt es (neben einer guten Versicherung) nur eins: Es nie-mals so weit kommen lassen! Ein Pferd, das im Gelände – wie auch immer – unkontrollierbar wird, darf nicht ausgeritten werden, bis alle Ausbildungsschritte hin zum zuverlässigen Geländepferd nachgeholt wurden: Führen, Longieren, Dressurarbeit in der Bahn allein und mit mehreren, Geschicklichkeitsübungen, Ausbildung im Gelände als Hand-pferd und Ausritte in Begleitung des Reitlehrers. Wer es bloß mit einem schärferen Gebiss versucht oder Vermeidungsstrategien austüftelt (»Dort entlang ist's zu gefährlich!«), handelt grob fahrlässig!

Was tun, ... wenn mein Pferd sich häufig erschrickt?

Ich habe so viel Zeit in ein Anti-Scheu-Training investiert, dass sich Fancy heute in eine Bauplane einhüllen lässt, unter Flatterbändern durchmar-schiert und über Plastikplanen geht. Trotzdem hat sie unterwegs vor vie-len Dingen noch Angst.

Die Lösung, ... das ist sie!

Fancy offenbart ein Phänomen, das einige gut trainierte Pferde zeigen: Sie unterscheidet zwischen dem Training hier und der Alltagssituation dort. Sie hat sich daran gewöhnt, dass Sie außerordentliche Dinge mit ihr anstellen, erinnert sich aber unterwegs nicht daran. Lehren Sie sie, Ge-dankenbrücken herzustellen. Stellen Sie bekannte Übungen draußen nach: Lassen Sie sie eine Plastikplane im Wald überqueren, platzieren Sie einen Helfer mit dem Automatik-Schirm am Reitweg. Sperrmüll am Stra-ßenrand, knisternde Tüten, Dreirad fahrende Kinder, der Trekker oder die Mähmaschine auf dem Feld ... solche Situationen sollten Sie allmählich suchen und nicht meiden. Am besten neben einem Begleitpferd, an des-sen Nervenstärke sich Ihre an sich umsichtig vorbereitete Stute orientie-ren kann. Stellen Sie sie gut an die Hilfen, lassen Sie sie gucken, aber nicht stehen bleiben, damit sie sich keinen Ungehorsam angewöhnt.

Wenn mein Pferd Angst vor Geräuschen hat, was tun ...?

An einem parkenden Bus oder Traktor kann ich Fiona leicht vorbei reiten, aber sobald der Motor angelassen wird oder gar ein Sattelschlepper vorüberrattert, wird sie hektisch!

... das ist die Lösung!

Große Fahrzeuge erscheinen Pferden sowohl wegen ihrer ungewohnten Silhouette als auch der Motoren- und Bremsventil-Geräusche unheimlich und lösen, vor allem wenn sie sich von hinten nähern, den Fluchtreflex aus. Da sie sich aus dem Landschaftsbild nicht ausradieren lassen, müssen Sie Fiona daran gewöhnen, um Unfällen vorzubeugen. Nehmen Sie die Monster im Originalton auf Kassette auf. Spielen Sie ihr die Geräusche erst leise, dann lauter werdend in der Reitanlage vor. Nun üben Sie am parkenden Traktor mit ausgestelltem Motor und laufendem Tonband und wagen's schließlich bei angelassenem Motor. Erkunden Sie Busfahrpläne und Müllabfuhrtermine und überzeugen Sie Fiona mit einem zuverlässigen Begleitpferd zunächst an der Hand, später auch unterm

Sattel von der Harmlosigkeit der Fahrzeuge. Umgehen Sie die Gefahrensituation großräumig, aber in Sicht- und Hörweite und verringern Sie allmählich den Abstand. Ihre Stute soll (notfalls mit Hilfe einer Führperson) wirklich am Hindernis vorbeigehen und nicht kehrtmachen dürfen. Nur so überwindet sie den Fluchtreflex.

Was tun, ... wenn mein Pferd bei anderen Tieren ausflippt?

Als echtes Stadtkind fürchtet Manolo weder Lkws, Möbelwagen noch Schneeräumer. Aber eine Schafherde oder gar Hausschweine jagen ihm Todesangst ein!

Die Lösung, ... das ist sie!

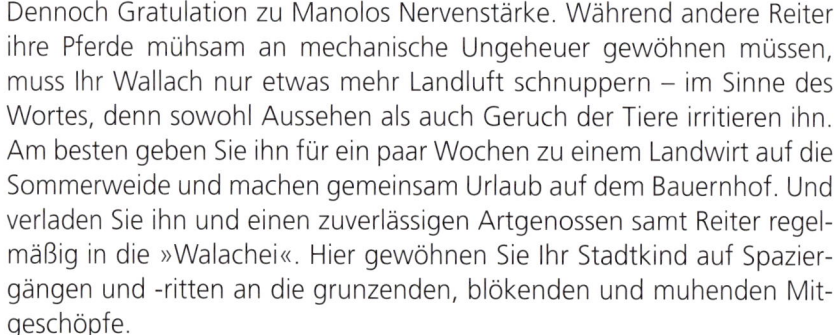

Dennoch Gratulation zu Manolos Nervenstärke. Während andere Reiter ihre Pferde mühsam an mechanische Ungeheuer gewöhnen müssen, muss Ihr Wallach nur etwas mehr Landluft schnuppern – im Sinne des Wortes, denn sowohl Aussehen als auch Geruch der Tiere irritieren ihn. Am besten geben Sie ihn für ein paar Wochen zu einem Landwirt auf die Sommerweide und machen gemeinsam Urlaub auf dem Bauernhof. Und verladen Sie ihn und einen zuverlässigen Artgenossen samt Reiter regelmäßig in die »Walachei«. Hier gewöhnen Sie Ihr Stadtkind auf Spaziergängen und -ritten an die grunzenden, blökenden und muhenden Mitgeschöpfe.

Was tun, ... wenn mein Pferd nicht über Brücken gehen will?

Um in schönes Ausreitgelände zu gelangen, muss ich über eine Autobahnbrücke reiten. Leider regt sich Samba hier immer auf!

... das ist die Lösung!

Auf bestimmten Untergründen produzieren Pferdehufe einen hallenden Klang. Auf der Autobahnbrücke oder in einer Unterführung addieren sich die Geräusche vorbeifahrender Kraftfahrzeuge hinzu, deren Quelle das Pferd nicht bestimmen kann. All diese Wahrnehmungsreize aktivieren den Fluchtinstinkt; manchmal reicht sogar das Herannahen anderer Pferde auf Asphalt. Im akuten Fall: Runter vom Pferd und ohne es anzuschauen, zügig aus dem Gefahrenbereich führen. Ansonsten hilft wieder mal nur Gewöhnung: Führübungen, um Gehorsam und Vertrauen zu festigen, und Spaziergänge oder -ritte in Begleitung von einem, besser zwei oder drei routinierten Artgenossen, die Samba schützend »einrahmen«. Beschaffen Sie sich große Platten aus Holz und Metall und lassen Sie sie darüber laufen. Nur so merkt sie, dass das Trappeln (das an eine fliehende Herde erinnert) von ihren eigenen Hufen herrührt.

Wenn mein Pferd nicht durch Wasser gehen will, was tun ...?

Mein Spaß an Geländeritten wird mir verleidet, weil Domino keine Bäche durchqueren will. Schon um Pfützen macht er einen Riesenbogen!

... das ist die Lösung!

Durch die Selbsttränken haben unsere Pferde den Umgang mit der Natur verlernt, denn in der Wildnis saufen sie aus fließenden Gewässern und Wasserlöchern und auch das Wasser im Eimer hat eine spiegelnde Oberfläche. Flüsse durchqueren sie an flachen Furten, wo das Wasser klar ist und sie den Grund erkennen können. Da Pfützen häufig schmutzig sind oder das Sonnenlicht spiegeln, kann Ihr Pferd die Tiefe nicht abschätzen. Es fürchtet, in einem Schlammloch zu versinken, was in der Wildnis seinen Tod bedeutete. Reiten Sie ein paar Mal zu viert aus und zwar paarweise zügig hintereinander. Da die Gruppe ihn mitzieht, brauchen Sie ihn

kaum durch die Pfützen zu treiben. So lernt er, dass sie zwar nass, aber harmlos sind. Um Bäche zu durchqueren, geben Sie ihm vor einem längeren Ausritt nur wenig zu trinken und reiten dann an eine flache Furt. Das Wasser wird ihn aufgrund seines Durstes magisch anziehen. Will er spielen, lassen Sie ihn plantschen und treiben ihn sachte vorwärts. Klappt das nicht, schicken Sie ein routiniertes Pferd voraus. Zwar wird er dann wohl einen Riesensatz vorwärts machen. Aber damit ist der Bann gebrochen und wenn Sie den Bach sofort mehrere Male hintereinander durchqueren, ist das Problem meist dauerhaft gelöst.

Was tun, ... wenn mein Pferd auf Glatteis gerät?

Leider haben wir keine Halle und ich muss Paloma auch im Winter ausreiten, um ihr Bewegung zu verschaffen. Da es bei uns oft gefriert, habe ich Angst, dass sie auf Glatteis ausrutscht.

... das ist   die Lösung!

Eine dünne Schneeschicht auf Asphalt, überfrierende Nässe, Eispfützen und Schneeverwehungen, die Stolperfallen zudecken: Der Winter hat schon seine Tücken. Bei Glatteis ist es manchmal sicherer, das Pferd in der Box zu lassen (Kraftfutter weglassen!) als einen Sturz zu riskieren. Oder auf der Fahrt zum Stall einen Autounfall ... Ein Beschlag mit Vidia-Stiften, die wie kleine Spikes wirken, oder Stollen gibt im Gelände mehr Griff. Reiten Sie mit längerem Zügel, damit Paloma ihren Hals als Balancierstange einsetzen kann, und nutzen Sie jedes mit Laub, Gras oder Kies bedeckte Wegstück. Kommt sie doch ins Rutschen, nehmen Sie die Füße aus den Bügeln und spreizen die Beine weit ab. Bei einem Sturz wird sie vermutlich unter Ihnen nach vorn gleiten und Sie kommen mit beiden Füßen auf. Beim Führen klammern Sie sich nicht an ihr fest, sondern halten Sie mit langem Strick auf Abstand. So kann sie sich besser ausbalancieren. Und stecken Sie Weckglasgummis in die Tasche! Über die Reitschuhe gestreift, machen sie die Sohlen rutschfester.

Machen Sie sich mal Gedanken ...

U über die Frage, ob Monotonie oder Abwechslung das Leben Ihres Pferdes bestimmt. Ein Wildpferd wechselt häufig die Aktionsräume und passt sich daher flexibel veränderten Lebensbedingungen an. Mit etwas Fantasie können Sie Ihrem Pferd täglich ein buntes Beschäftigungsprogramm bieten. Spazieren Sie doch vor oder nach dem Reiten durch die Stallanlage und den Parkplatz. Machen Sie einen Bummel durch den Ort. Und gehen Sie am Wochenende mit Pferd und Familie spazieren statt auszureiten. Statt abgeschottet immer nur zwischen Stall, Halle und Nullachtfünfzehn-Runde hin und her zu pendeln, gewinnt es so täglich neue Eindrücke. Das erhöht seine Reizschwelle und vereinfacht das Geländetraining.

Sonst noch 'was?

Schwierigkeiten mit dem Pferd zehren bereits genug an unseren Nerven. Aber wie Sie ja zwischenzeitlich gelernt haben: Für die meisten gibt es eine mehr oder minder konventionelle und auf jeden Fall immer praktikable Lösung. Bewahren Sie also Ruhe, verschaffen Sie sich einen Überblick über die jeweilige Sache und entscheiden Sie, was zu tun ist. So haben Sie nicht das Gefühl, von der Woge des Geschehens überrollt zu werden.

Von Dramen und »Drängen«

Das gilt auch für Ereignisse, die Sie am liebsten ganz aus Ihrem Leben ausklammern würden – nämlich Notfälle. Natürlich auch für die klitzekleinen Nebensächlichkeiten, über die Sie sich keine Gedanken machen, . . . bis sie eintreffen. Und just weil Sie in diesem Augenblick auf Ihrem Pferd sitzen, erscheinen Sie als schier unlösbares Problem.

Wenn mein Pferd sich unterwegs verletzt, was tun . . . ?

Kürzlich ist Gràni unterwegs gestürzt. Mir ist nichts passiert, aber mein Pony lahmte stark. Ich habe übers Handy den Tierarzt gerufen. Alle haben mich hinterher deswegen ausgelacht.

. . . das ist die Lösung!

Lieber einmal zuviel den Doc zu Rate gezogen als durch falsches Verhalten das Pferd gefährdet; Sie haben verantwortungsvoll gehandelt! Bei einem Unfall beruhigen Sie zunächst Ihr Pferd (und sich selbst) und kontrollieren es auf sichtbare Verletzungen. Als Fluchttier bleibt es nur liegen, wenn es wirklich nicht aufstehen kann. Ansonsten versucht es, auf die Beine zu kommen und zeigt durch sein Gangverhalten, ob es im Schritt heimgeführt werden kann oder besser mit dem Transporter abgeholt wird. Nehmen Sie grundsätzlich ein *funktionierendes* Handy (Nummern von Notrufzentrale, Stallbesitzer und Tierarzt einspeichern!) mit, das sie *bei sich* tragen. Klemmt es nämlich am Sattel, könnte es sich mitsamt Pferd verselbstständigen und im Galopp am Horizont entschwinden. Wie Sie Blutungen stillen und Wunden erstversorgen, lernen Sie im Erste-Hilfe-Kurs. Das nützt Ihnen im akuten Fall nur etwas, wenn Sie tatsächlich ein Notfall-Päckchen mit sich führen. Extratipp: Sagen Sie im Stall Bescheid, wohin und wie lange Sie etwa ausreiten. Denn auch mit dem modernsten Handy der Welt stecken Sie gelegentlich in einem Funkloch.

Was tun, ... wenn mir unterwegs übel wird?

Ich erlitt kürzlich einen Kreislaufkollaps, fiel vom Pferd und wurde ohnmächtig. Zum Glück sah das ein Spaziergänger und holte Hilfe. Wie kann ich mich künftig schützen?

Die Lösung, ... das ist sie!

Am sichersten: Sie reiten nie allein aus! Dass Sie sich mit Helm, Stiefeln und möglichst einer Sturzweste ausrüsten, ist selbstverständlich (oder?). Tragen Sie einen Notfallausweis bei sich, damit ein Arzt Sie entsprechend Ihren Vorerkrankungen behandeln kann. Deponieren Sie Ihr Handy so am Körper, dass Sie es schnell greifen und die Notrufnummer wählen können. Falls Ihr Pferd bei einem Sturz wegläuft, ist es gut, wenn Sie am Sattel eine Plakette mit seinem Namen, Stalladresse und Besitzernamen und -anschrift befestigen. Dann kann es identifiziert und zu Ihrem Stall zurückgebracht werden.

Was tun, ... wenn ich unterwegs »austreten« muss?

Peinlich, peinlich, aber vor ein paar Tagen hatte ich mir wohl den Magen verdorben und saß mit grässlichem Darmgrimmen auf dem Pferd. Was tun, wenn ich es mal nicht rechtzeitig zum Stall zurück schaffe?

Nicht peinlich, sondern menschlich! Generell sollte jedes Pferd beim Ausritt ein Halfter unter der Trense tragen. Den Führstrick knoten Sie um den
Hals. Meist findet sich doch eine Anbindegelegenheit oder Sie nehmen
Ihr Ross mit auf das »gewisse Örtchen« in Mutter Natur. Ein paar Blätter
Klopapier oder ein Papiertaschentuch passen in die engste Reithosenta-
sche; man muss bloß vorher dran denken! Denn Brennesselblätter würde ich nicht empfehlen . . . Hin und wieder beim Ausreiten absteigen und
führen gewöhnt Ihr Pferd an die Situation, so dass es nicht unruhig wird.

Machen Sie sich mal Gedanken . . .

 darüber, wie Sie auf Notsituationen reagieren – hektisch, panisch?
Flattern Sie wie ein Hühnchen herum oder können Sie cool bleiben?
Es heißt, unser Gehirn könne zwischen realen und eingebildeten Er-
eignissen nicht unterscheiden. Daher raten Psychologen, sich Situationen, auf die man sich vorbereiten will, im Geist vorzustellen. Spielen Sie viele Male durch, was Sie Schritt für Schritt tun würden, um
sie bestmöglich zu bewältigen. Dies nennt man mentales Training.
Im Erstfall geraten Sie dann nicht in Panik, sondern rufen die in Gedanken eingeübten Handgriffe oder Entscheidungen ab und setzen
sie in die Tat um. Probieren lohnt sich!

Die zehn Gebote

In jedem Menschen ist so eine Art »Fühler« für Gut und Böse eingebaut. Der sorgt dafür, dass wir zufrieden sind, wenn wir etwas tun, von dem wir annehmen, es sei gut und richtig. Und er lässt uns schlecht schlafen, wenn wir den mahnend erhobenen Zeigefinger in unserem Innern geflissentlich übersehen haben. Tatsächlich gibt es für das, was wir Erfolg im Leben nennen, recht klare und einfache Richtlinien. Und zwar für jeden Bereich. Man könnte dazu auch »Gebote« sagen, selbst wenn man nicht Gottes Gebote oder die Gebote des Gewissens meint. Befolgen wir sie, stellt sich Erfolg ein. Auch für den Umgang mit Pferden gibt es solche Gebote. Einfache Kernsätze, über die sich nachzudenken lohnt. Wenn Sie sie in die Tat umsetzen, lösen sich viele Probleme wie von selbst. Und dieses Buch können Sie wegwerfen. Oder weiterverschenken. Oder für den Fall aufbewahren, dass Sie doch einmal das eine oder andere Gebot vergessen (Hand aufs Herz: Können Sie wirklich alle 10 Gebote aus der Bibel aufsagen?) und noch einmal nachlesen wollen. Also, hier sind sie, die . . .

Zehn Gebote
für weniger Stress im Umgang mit Pferden

1 Sie allein – und niemand sonst – trägt die Verantwortung für Ihr Pferd. Seien Sie sich dessen bewusst!

2 Welche Haltungsform benötigt ihr Pferd, um glücklich und gesund zu sein? Tun Sie alles, damit es in dieser Haltungsform leben kann.

3 Beseitigen Sie alles im Umfeld Ihres Pferdes, was sein körperliches und psychisches Wohlbefinden beeinträchtigen kann.

4 Ziehen Sie bei jeder Verhaltensauffälligkeit eine mögliche Erkrankung in Betracht und beraten Sie sich mit dem Tierarzt/Therapeuten Ihres Vertrauens.

5 Ihr Pferd ist verhaltensauffällig? Suchen Sie den möglichen Auslöser auch bei sich und lernen Sie – selbstkritisch – zwischen Verhaltensauffälligkeiten und Reitfehlern zu unterscheiden.

6 Denken Sie wie ein Pferd! Auch nach Tausenden von Jahren der Domestikation ist es ein Fluchttier, geschaffen um in der Steppe im Herdenverband zu leben.

7 Üben Sie rechtzeitig! Denn nur Übung schafft erwünschte Verhaltensmuster, die sich im Notfall abrufen lassen.

8 Bewahren Sie Ihr Gesicht! Seien Sie zu jeder Zeit ihm gegenüber höflich, fair, freundlich und konsequent wie zu einem Geschäftspartner, mit dem Sie ein Millionengeschäft abschließen wollen.

9 Kämpfen Sie niemals gegen Ihr Pferd, wenn Sie nicht sicher sind, zu gewinnen! Mit Kraft erreichen Sie nichts. Zeigen Sie ihm klug den »leichten« Weg, der genau in die von Ihnen gewünschte Richtung führt.

10 Akzeptieren Sie Grenzen! Sie selbst sind auch weder Goethe noch Einstein, dennoch einmalig. So wie Ihr Pferd! Entdecken Sie seine Fähigkeiten und Eigenheiten. Und lieben Sie es so, wie es ist!

Ablehnung durch andere Pferde 62
Alleinbleiben im Stall 26
Anbindeprobleme 30
Angst vorm Verlassen der Box 13
Angst vor der Box 15
Angst vor anderen Pferden 62 ff., 69
Angst in der Reithalle 72
Angst vorm Springen 73 ff.
Angst vor Tieren allgemein 84
Angst beim Führen im Gelände 46
Äpfeln am Putzplatz 34
Aufpullen 67, 70, 80
Aufregung in der Gruppe 70, 80
Aufsitzen 66
Auskeilen 31, 59
Ausrasten 81
»Austreten« müssen 90 ff.

Bandagieren 33
Beißen beim Satteln 37
Berührungsängste beim Putzen 31
Bocken beim Longieren 51
Boxenwandern 22 ff.
Buckeln 68, 71
Brücken überqueren 84 ff.

Drängen beim Zurückbringen
   in die Box 15
Durchgehen an der Galopp-
   strecke 78 ff.

Einfangen auf der Weide 59

Faulheit 66
Freiarbeit, Freilauf 53 ff.
Führen 46 ff.
Futterneid 19
Futter verstreuen in der Box 20
Futter »wässern« 20

Geräuschempfindlichkeit 83
»Gespenster« sehen 73
Glatteis 86 ff.
Grasen an der Hand 46 ff.

Haken schlagen 79
Hampelei am Sattelplatz 30
Hufegeben 33
Hufschmied 40 ff.

Imponieren an der Hand 47

Jungpferde erziehen 16, 21, 27, 34, 40, 43,
   49, 53, 63,

Kleben am Stall 77 ff.
Koppen 23

Longierprobleme 49 ff.

Medikamente eingeben 42

Nachdrängende Pferde auf der Weide 60

Rangniedriges Pferd 62 ff.
Raufereien zwischen Pferden 61
Respektlosigkeit in der Box 12
Respektlosigkeit beim Füttern 18

Sattel- und Gurtzwang 36
Scharren in der Box 24
Scheren, Schermaschine 33
Scheuen allgemein 68, 82
Schnappen nach anderen Pferden 31
Schreckhaftigkeit 46, 82
Steigen an der Hand 47

Tierarzt 41 ff.
Triebigkeit 66 ff.

Übelkeit unterwegs 90

Verladeprobleme 42 ff.
Verletzung unterwegs 89 ff.

Wasserscheue 32, 85
Widersetzlichkeit beim Auftrensen 35
Widersetzlichkeit beim Longieren 52
Widersetzlichkeit unterm Sattel 71

Zanken 31
Zappeln beim Bandagieren 33
Zerren am Führstrick 46 ff.

Bibliografische Information
Der Deutschen Bibliothek

Die Deutsche Bibliothek verzeichnet diese Publikation in der Deutschen Nationalbibliografie; detaillierte bibliografische Daten sind im
Internet über http://dnb.ddb.de abrufbar.

BLV Verlagsgesellschaft mbH
München Wien Zürich
80797 München

© 2003 BLV Verlagsgesellschaft mbH, München

Das Werk einschließlich aller seiner Teile ist urheberrechtlich geschützt.
Jede Verwertung außerhalb der engen Grenzen des Urheberrechts-
gesetzes ist ohne Zustimmung des Verlags unzulässig und strafbar.
Das gilt insbesondere für Vervielfältigungen, Übersetzungen, Mikro-
verfilmungen und die Einspeicherung und Verarbeitung in elektro-
nischen Systemen.

Umschlaggestaltung: Anja Masuch, Puchheim bei München
Umschlagillustration: Joanna Hegemann

Layoutkonzept Innenteil: Angelika Tröger

Lektorat: Annette Rose

Herstellung: Angelika Tröger
DTP: Satz+Layout Fruth GmbH, München

Repro: Lithotronic Media GmbH, Frankfurt/M.

Gedruckt auf chlorfrei gebleichtem Papier
Printed in Germany
ISBN 3-405-16624-1

Hinweis

Das vorliegende Buch wurde sorgfältig er-
arbeitet. Dennoch erfolgen alle Angaben
ohne Gewähr. Weder Autoren noch Verlag können für eventuelle Nachteile oder
Schäden, die aus den im Buch vorgestell-
ten Übungen und Informationen resul-
tieren, eine Haftung übernehmen.

Know-how für die Reitausbildung

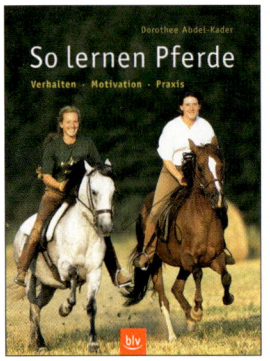

Heike Lebherz
**Just fun –
Reitkurs für Erwachsene**
Didaktisch gut aufbereitete Reitschule speziell für Erwachsene mit vielen Beispielen und Anekdoten aus der Unterrichtspraxis; Know-how rund ums Pferd, Ausrüstung, die erste Reitstunde, Gangarten, Sitz und Hilfengebung, freies Reiten in der Bahn und im Gelände.

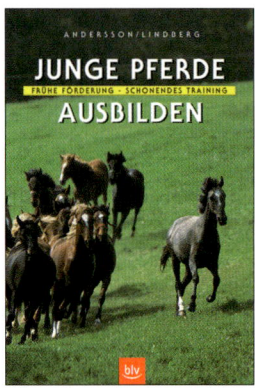

Dorothee Abdel-Kader
So lernen Pferde
Das Know-how für eine reitweisenübergreifende Verständigung zwischen Mensch und Pferd für die Praxis und erfolgreiche Ausbildung – ein einfühlsamer Ratgeber für spezielle Problemlösungen.

Kerstin Diacont
Mit System zum harmonischen Reiten
Stimmig, logisch, eigenständig – das neue Ausbildungs- und Trainingskonzept: die besten Lehrmethoden aus allen Reitweisen, sinnvoll kombiniert.

Jackie Budd
Pferde besser verstehen
Die Natur des Pferdes besser verstehen – Basis für eine gute Beziehung zwischen Mensch und Pferd: Instinktverhalten und Evolution des Pferdes, Charakterzüge und Verhaltensweisen, Lernverhalten, Intelligenz und Ausbildung.

Bernd Hackl / Carola Steen
Basistraining für Pferde
Für alle Pferderassen und Reitweisen geeignet: die Ausbildung junger Pferde von der ersten Kontaktaufnahme bis zum Anreiten; Beispiele aus der Praxis: Problempferde und deren Korrektur.

Ingrid Andersson /
Charlie Lindberg
Junge Pferde ausbilden
Schonende Pferdeerziehung in den ersten fünf Lebensjahren; Grundausbildung, Einreiten, Ausbildungskonzepte, Konditionstraining, Doping und Krankheiten, Rekonvaleszenz, das erwachsene Pferd.

Christine Lange
Gelassenheit – Sicherheit für Pferd und Reiter
Die Ausbildung des Pferdes zur Gelassenheit in Alltagssituationen; Grundlagen für die Teilnahme an der neuen FN-Gelassenheitsprüfung.

Im BLV Verlag Garten und Zimmerpflanzen • Natur • Heimtiere •
finden Sie Bücher Jagd und Angeln • Pferde und Reiten • Sport und Fitness •
zu den Themen: Wandern und Alpinismus • Essen und Trinken

Ausführliche Informationen erhalten Sie bei:

BLV Verlagsgesellschaft mbH
Postfach 40 03 20 • 80703 München
Tel. 089 / 127 05-0 • Fax -543 • http://www.blv.de